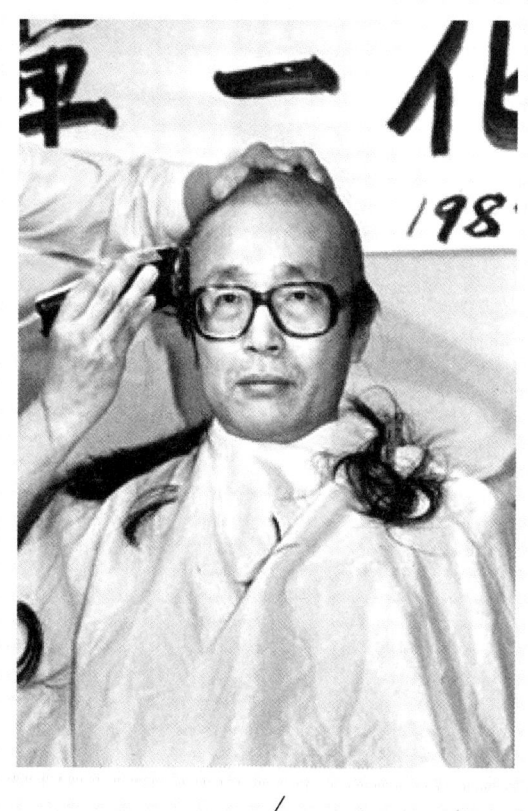

1987년 김영삼, 김대중의 두 야당 지도자의
대통령 후보 단일화를 위해 삭발하는 모습.

●●●

기적같이 찾아온 민주화의 계기, 양김의 역사를 거스르는
정치적 야욕에 단일화를 주장하는 나의 삭발 저항,
이 삭발의 진정한 의미가 대한민국의 미래를 위한
재스민 혁명으로 승화되기를 …

박찬종의 유쾌한 콜라징먼트

내가 대통령이 되었다면 큰 일 날 뻔했습니다

| 박찬종 지음 |

모아북스
MOABOOKS

들어가면서

유전무죄, 유권무죄
정의는 없다

음성 꽃마을에서 봉사를 하고 계신 박 스테파노 님과 안부 전화를 나눌 때였다. 인사 끝에 박 스테파노 님이 물었다.

"휴, 세상이 왜 이리 어지럽습니까? 눈 감고 귀 막고 살 수도 없고 참 답답합니다."

"어쩝니까, 갈 만큼 가야지요. 기도나 열심히 합시다."

나도 모르게 맥 빠지는 대답이 나왔다.

우주를 통틀어 계산하면 지구는 원자 한 개의 크기라고 한다. 게다가 그 큰 지구에서 대한민국은 아주 작은 나라다. 그런데 이 좁은 곳에서 일도 많고 탈도 많다. 요즘은 특히 그렇다. 하루가 멀다 하고 사건, 사고, 부패, 비리가 터지니 보는 국민들 속도 답답하기 그지없다. 게다가 높은 물가, 불안정한 고용 상황, 미친 등록금에 국민은 울고 있는데, 정치 지도자들은 정치 싸움에 제 밥그릇만 챙기려고 아우성이다.

안철수 쓰나미의 원조는 97년에도 있었다

이렇게 답답한 정치판을 보자니 국민들 눈도 '더 나은 정치인'을 찾기 위해 바쁘게 움직일 수밖에 없다. 그 자신이 총선 등의 선거에 불출마를 선언했음에도 강력한 대권후보로 떠오른 안철수에 대한 지지도 상승 현상도 같은 맥락에서 이해해야 한다. 그간의 행보에서 구축해온 그의 깨끗하고 정직한 이미지와 권위주의를 탈피한 모습이 국민들에게 강한 인상을 남긴 것이다.

나 역시 한때 군부독재와 구태 3김정치를 종식시키고 새로운 정치 질서의 장을 열어갈 제 3세력 아이콘 역할을 한 적이 있다. 97년 대선 직전만 해도 여론조사에서 나와 같은 당이었던 유력한 대권후보 이회창뿐만 아니라 상대 당 대권후보 김대중마저 압도적으로 앞지를 정도로 국민의 지지를 받았다. 실로 이때의 지지는 지금의 안철수 열풍보다 결코 덜하지 않은 것이었고, 국민들은 나를 새 정치에 대한 갈망의 구심점으로 여겨주셨다.

들어가면서

그때의 지지는 그야말로 지금의 안철수 열풍보다 더하면 더했지 결코 덜하지는 않은 광풍이었다. 이 역시 새로운 정치를 갈망하는 국민들의 요구가 터져 나온 시점이었고, 그 요구가 내게로 집중된 것이다.

불합리한 정치 구도에 타살당하다

하지만 아무리 여론조사에서 유력한 대권후보로 부각되었다 한들 당시 분위기상 금권과 조직 동원이 왕왕 벌어지던 불합리한 당내 경선형태와 당내의 지명직 대의원들에 의해서만 선출하는 경선규칙 아래서는 부정부패 척결 무균질 정치인으로 불리던 내게

1997년 7월 신한국당 합동연설회에서 박찬종 변호사(당시 고문)가 대통령 경선 후보 사퇴 의사를 밝히고 있다. 경선에 참가한 이한동ㆍ이인제ㆍ김덕룡ㆍ이수성ㆍ이회창ㆍ최병렬 후보(앉은자리 왼쪽부터)가 심각한 표정으로 이를 듣고 있다.
출처 : 조선일보 2011년 7월 9일〈대선하면 생각나는 그 사람…〉이한우

국민지지율 1위였지만 대권 출사표가 주어지리라 기대하는 것은 무리였다.

때문에 나는 금권과 조직 동원의 개입을 방지하고 당내 경선에 여론조사가 반영될 수 있도록 당내 경선 규칙을 개혁한 뒤 후보 경선을 치를 것을 당시 우리 당 총재였던 김영삼 전 대통령에게 요청했다. 물론 이 합리적 제안은 관철되지 않았으며, 결국 나는 결과가 불 보듯 한 의미 없는 국민 사기극 경선을 명예롭게 포기했다. 언뜻 보면 스스로 물러난 것처럼 보이지만, 한편으로는 나를 대권후보로 불러낸 국민들의 열망에도 정치적으로 타살당한 셈이 되었다.

이제 와서 한나라당도 '돈 봉투 사건' 등으로 자성의 과정을 거치며 당시 내 주장을 되짚고 불합리한 당내 경선 방식을 개혁하려 하고 있다 하지만 그 마저도 후보들 간의 혼탁힌 이해관계로 인해 아직도 갈 길이 멀어 보인다.

올바른 정치인의 길을 걷다

대권의 기회를 잃었다고 정치를 포기한다는 건 진정한 정치인이 아니다. 그러나 불합리를 개혁하지 않는 당에 소속되어 정치

들어가면서

행보를 이어가는 것도 국민을 위하는 길은 아니다. 이것이 내가 불합리한 구조를 가진 당 소속에서 벗어나 나만의 방식으로 정치의 길을 걷겠다는 결심을 하게 된 이유이다.

나는 지금까지 2,000여 회의 트위터와 SNS를 통해 국민들과 소통하며 내 생각을 전해왔고, 기성 정치권에는 비판과 충고, 비전과 정책을 제시해왔다. 또한 국민들이 원하는 곳이면 행사나 활동에 참여하는 데 주저하지 않았다. 다만, 매스컴이 조명하지 않았을 뿐이다.

변호사로서도 역시 국민들이 주목하고 국민들의 한을 풀어야 할 사건에는 기꺼이 참여해 무보수 변론을 아끼지 않았고, 개혁을 거부하는 기성 정당 소속을 거부하고 홀로 걷는 새로운 정치 패러다임을 제시하며 정치인으로서의 길을 걸어왔다고 자부한다.

또한 아직 건강하고 언제든 날개를 펼 준비가 된 이로서 때가 오고 국민이 원하면 원하는 대로, 나의 신념과 뜻이 재조명될 기회가 도래한다면 모든 것을 헌신하겠다는 생각에도 변함이 없다. 아직까지도 내가 해야 하고, 할 수 있는 일들이 수없이 남아 있기 때문이다.

여의도 밀실 정치를 끝내야 한다

주변을 둘러보라. 21세기가 시작된 지 얼마인가. 변해도 아주 많은 것이 변했다. 그런데도 정치인들만큼은 밀실 야합, 계파, 돈 공천 등 구태정치에서 벗어나지 못하고 있다. 그 모습을 보고 있노라면, 세월이 정치를 바꾸는 것이 아님을 실감하게 된다.

대한민국 민주주의는 대통령직선 개헌을 쟁취한 1987년 6·29 이후, 그 형식과 절차는 완성되었을지 몰라도, 아직 그 내용과 콘텐츠는 채워지지 않은 상황이다. 아니, 오히려 정치의 품격은 내가 국회의원으로 활동했던 13대 국회만도 못하다는 생각이 든다.

이제는 한국적인 의미의 재스민 혁명(튀니지에서 벌어진 반정부 혁명)이 필요하다. 즉 총과 칼이 아닌 선거를 통한 혁명을 이뤄내야 한다. 선거를 통해 고비용의 정치 구조를 바꾸지 않는 한 한국의 민주주의는 완성되었다고 할 수 없다.

제 3의 인물, 그리고 준비된 자

이제 국가의 뼈와 살을 썩게 만들고 국민들의 정신을 흐려놓는 부패와 비리의 정치권을 바꿔야 한다. 실로 국민들은 제 3의 인물을 찾고 싶어 한다.

이미 안철수 바람에서도 확인된 바다. 이는 결국 국민들이 기존 정치를 불신하고 혐오하고 있다는 것을 보여준다.

올해 대선에서는 진정으로 국민과 소통할 줄 아는, 준비된 대통령을 뽑아야 한다. 과거 정치 관습에 얽힌 사람이 아닌, 줄기찬 연습을 통해 준비된 자만이 대통령이 될 자격이 있을 것이다.

내가 대통령이 되었더라면

돌이켜 생각해보면, 만일 92년에 내가 대통령이 되었더라면 정말 큰일 날 뻔했다. 아마도 나는 실패한 대통령이 됐을 것이다. 당시 나는 부패척결을 주장했지만, 솔직히 정권을 부패 없이 유지하는 방안을 갖고 있지 못했다. 오랜 세월이 흐른 지금에야 그 방안이 보이는 듯한데, 의지만 있었을 뿐 방법을 모르니 대통령이 됐더라도 국민이 기대하는 만큼 실현할 수 있었을지 의심이 든다. 다음 대통령도 마찬가지다. 그 어떤 정책 공약보다 우리 정치권과 사회의 뿌리를 썩게 만드는 부패를 척결하는 방안부터 갖고 있어야 한다. 개인의 영달보다 국민을 위하고 소신과 신념을 잃지 않는 기다리고 준비된 자만이 대통령으로서의 자격이 있는 것이다.

이젠 국민도 나라의 주인으로서 책임을 져야 한다

국민들도 스스로 자성해야 하는 것은 마찬가지다. 대통령직선 개헌이 쟁취된 지 25년이 흘렀다. 그간 뼈아픈 시행착오를 겪고 충분히 정치를 학습했다면 이 나라의 주인은 국민이며 모든 권력은 국민으로부터 나온다는 사실을 진심으로 받아들일 수 있어야 한다. 이제는 이 사실을 잘 알고 국민을 위할 줄 아는 지도자를 보는 눈이 국민들에게도 필요하다.

소통과 대화라는 타개책

우리가 소통하는 것은 더 좋은 나라를 소망하기 때문이다. 나 역시 내 방식으로 많은 이들과 소통하려고 노력하고 있다. 2004부터 내 전용 자동차는 BMW다. 버스(Bus) 타고 지하철(Metro) 타고, 걷는(Walk) 것으로 자가용을 대신한다. 그렇게 국민들과 같은 공간에 몸을 실으며 더 많은 것을 배우고 있다.

나아가 최근에는 트위터에서도 많은 분들을 만나고 있다. 사실 2004년 총선이래 서울역 같은 곳에서 '박찬종과의 대화'를 하려고 준비한 적이 있다. 그러던 2006년부터는 블로그에 글을 올리기 시작했고, 요즘은 '소통'을 배우고 있다. 유전무죄, 유권무죄가 사라지는 그날을 위해'라는 기조로 트위터 속 세상에서 소통하고 있다. 그 과정에서 많은 이들이 '정의로운 사회'를 꿈꾸고 있다는 것을 피부로 느끼고 있다.

실체 없는 정의가 아닌, 진정한 정의를 배워라

그러나 정의는 '정의'라고 이름 붙인 책들을 베스트셀러로 소비하는 것만으로는 이루어지지 않는다. 정의는 한낱 유행이 아니다. 정의가 무엇인지를 알려면, 진짜 정의란 무엇인지 살피고 각성하는 일부터 필요하다.

이 순간에도 세상에 수많은 정의들이 떠다니지만 그 개념은 모호하기 짝이 없다. 정작 정의를 삶 속에서 실천하는 일에는 다들 게으르다. 정의를 읽기만 하는 국민, 정의를 이용만 하는 정치인, 정작 실천의 순간에는 정의를 외면하는 사람들의 사회는 정의의 거품 속에서 곪아가게 마련이다. 이제 진정한 정의, 정의의 실체를 알고 실천할 때다.

이 책은 2007년 10월 이후 트위터 등의 SNS와 신문과 방송을 통해 내 생각을 전달한 글들을 단정하게 손봐서 담아낸 것이다. 정치 비판, 사법 개혁, 재벌 개혁, 세상살이에 관한 내용들, 나아가 진정한 정의의 의미와 그것을 실천하는 방법에 대한 나름의 사설들을 담았다.

　유전무죄, 유권무죄가 사라진 정의로운 사회는 결코 꿈이 아니다. 수많은 이들이 이런 사회를 원하고 있고, 그 수가 많아질수록 진실로 정의로운 사회도 가까워질 것이다.

　끝으로 이 책이 출간되기까지 시간을 할애하고 노고를 아끼지 않은 나의 특별보좌역인 현의섭 동지와 일관성 있는 자료 정리와 출간을 위해 애써준 모아북스 편집부에 깊은 감사를 드린다.

　　　　　　　　　　　　　　　　　　　　　　박 찬 종

| 차 례

들어가면서 _8

유전무죄, 유권무죄 정의는 없다 _8
안철수 쓰나미의 원조는 97년에도 있었다_9
불합리한 정치 구도에 타살당하다_10
올바른 정치인의 길을 걷다_11
여의도 밀실 정치를 끝내야 한다_13
제 3의 인물, 그리고 준비된 자_13
내가 대통령이 되었더라면_14
이젠 국민도 나라의 주인으로서 책임을 져야 한다_15
소통과 대화라는 타개책_15
실체 없는 정의가 아닌, 진정한 정의를 배워라_16

1장 정의를 '읽기'만 하는 부패한 사회에 대한 경고_23

1%의 탐욕 vs 99%의 정의_25
정말로 공룡 재벌과 공생(共生)이 가능할까?_29
천민자본주의의 제왕이 된 억만장자들_36
쪼잔한 홍익 정신, 차라리 빈대 벼룩의 간을 내어먹으라_41

『도가니』와 『부러진 화살』_45
유전무죄 무전유죄의 세상_49
미네르바 VS 한승수와 강만수_53
미네르바, 애초 걸지 못할 법이었다_59
JYJ, KBS 출연금지 왜?_65
김길태의 심장을 멈추게 한 차가운 날들_69
흉악범죄 기승이 좌파정권 탓?_75
희망버스에 담긴 염원_79
강제징용 할머니의 슬픔과 절규_83
천만 원 등록금에 고통 받는 청년들에게_89
지난 4년 새 뇌물 공직자 수 5.5배로_95
분노하라!_99
여의도식 정치 폭파하고 새 틀을_103

2장 여의도식 밀실 정치를 격파하라_109

말로만 민생정부, 민생국회_111
서민보다 제 밥그릇 챙기기 바쁜 국회의원_115
곪아터진 돈 봉투, 추악한 국민 사기극_121
도덕적으로 추악한 정권, 그리고 이상득_125
말로만 하는 쇄신도 쇄신인가!_131
국회의원 비서관의 디도스 공격이 개별범죄?_135
저축은행 사태보다 당리당략이 먼저?_139
태안의 비극은 계속되고 있다_145
뭐 하러 지금 헌법 개헌?_161

차례

근원적 쇄신, 어떻게 이룰 것인가_165
인사청문회? 검증은 없고 인사만 있다_175
자연인 곽노현, 공직자 곽노현_179

3장 새 시대를 이끌어갈 제 3의 세력들_185

좋은 대통령, 국민 손에 달렸다_187
안철수 쓰나미, 낡은 정치에 몰아친 '민심의 폭풍' _193
서울시장은 정치가가 아닌 행정가_197
아날로그 정치에서 스마트 정치로_201
21세기 분서갱유, 「나꼼수」의 정봉주_207
대의민주주의 · 근조대의민주주의_215
중수부 폐지가 검찰개혁의 핵심?_219
김영란 전 대법관의 아름다운 선택_223
진실을 지키는 사람들이 많은 세상_227
민주화운동의 별 김민석 군은 어디에_233
꿈이 있는 거북이는 지치지 않는다_239

4장 준비된 정치인, 준비된 혁명_241

튀니지에 핀 재스민 혁명_245
후스와 루터_249
일만 잘하는 대통령은 필요 없다_257
부패 척결, 어떻게 할 것인가_265

BBK 사건, 아직 끝나지 않았다!_271
김수환 추기경을 회상하며_277

맺음말_283
가진 것이 없는 이가 가장 용감하다_283
국민은 남루한 옷을 비웃지 않는다_284
다시는 썩은 정치판을 택하지 말라_285
가진 것 없는 자가 강하다_287

1장

정의를 '읽기'
만 하는 부패한 사회에 대한 경고

그래서,

월가에서 울려 퍼진
진실의 외침!
"부자는 1%,
우리는 99%다!"

1%의 탐욕 vs 99%의 정의

중국 『제왕학』 제 1장 1절에 "백성은 부족한 것을 탓하지 않고, 고르지 못한 것을 탓한다"는 글귀가 나온다. 비록 생활이 어려워도 그 어려움이 균등하기만 하면 크게 성내지 않는다는 의미다.

근래 세계 언론의 창을 메운 월가 시위도 결국 상위 1%가 99%를 지배하는 고르지 못한 세상에 대한 저항이다. 이들은 미국 최고 부자 1%에 저항하는 서임금 미국인의 입장을 대변하기 위해 거리로 나섰다고 그 목적을 밝히고 있다.

또한 "미국의 상위 1%가 미국 전체 부(富)의 50%를 장악하고 있다", "매일 아침 일어나서 방값 걱정, 끼니 걱정을 하지 않게 해달라"와 같은 구호로 극심해진 경제적 불평등에 직접적인 공격을 시도하고 있다.

1장 정의를 '읽기'만 하는 부패한 사회에 대한 경고

이 시위가 시작된 것은 2011년 9월 중순이다. 미국 사회의 경제 불안과 부조리에 항의하기 위해 '고학력 저임금 세대' 수십 명이 시위를 벌였고, 당시 이들이 외친 구호가 "월가를 점거하라(Occupy Wall Street)!"였다. 미국 금융의 중심지이자 미국 최고 거부들의 상징인 월가를 직접적으로 언급한 것은 가히 처음 있는 일이었다.

작은 시위였지만 그 파급은 컸다. 세계적인 석학 노암 촘스키, 슬라보예 지젝을 비롯해, 다큐멘터리 감독 마이클 무어와 할리우드 배우 수전 서랜든, 숀 펜 등이 이 반(反)월가 시위를 지지하면서, 불과 한 달 여 만에 시위는 월가에서 보스턴, 워싱턴, 시카고 등의 대도시는 물론, 전 세계 1500여 개의 도시로 퍼져나갔다. 그야말로 1%에 저항하는 동시 시위가 세계적으로 전개되기 시작한 것이다.

미국에서 반(反)월가 시위가 일어난 이유는 첫째, 높은 실업률과 저성장, 둘째는 사회불평등과 월가의 탐욕, 셋째는 부당한 금융시스템, 넷째는 정부에 대한 실망감이었다.

많은 이들이 잊고 있지만 자본주의는 근검, 절약, 희생, 나눔이 바탕이 되어야 돌아가는 시스템이다. 그런데 무차별하게 이익을 챙기는 탐욕이 세계적인 저항을 부른 셈이다. 실로 자본주의의 위기이다.

　나아가 "월가를 점령하라"는 구호는 갈수록 구체적으로 발전하고 있다. 즉 월가의 탐욕을 지탄하는 것에 머물지 않고 보다 구조적인 문제까지 파고들면서, 백악관, 국회의사당이 있는 워싱턴에서는 "탐욕스런 금융인(bankers)을 처단하라!"는 구호까지 등장했다. "정치인은 돈에 굴복하지 말고, 국민에 굴복하라!"는 외침 또한 눈에 띈다.

　최근 한국도 저축은행 사태로 큰 위기를 맞았다. 월가 시위가 일어나면서 비슷한 시기 우리의 여의도 광장에서도 '반 월가 시위가 벌어졌다. 또한 이 시위에 참여한 부산저축은행 피해자 대표 김옥주 씨의 절규 또한 월가 시위대의 절규와 다르지 않았다. 그녀는 "금융위 금감원 대주주임원들이 한통속이 되어 영세민의 돈을 나누어 먹고, 국회의원들은 팔짱 끼고 있다"고 외쳤다.

　국민·산은·신한·우리은행 CEO들은 이제 금융계를 대표하는 자들답게 노블레스 오블리주를 지켜야 한다. 서민들은 전세자

금대출 이자에 허덕이고 있는 상황에서, 높은 수익을 올렸다고 성과급잔치에 흥겨워할 때인가?

앞으로 갈수록 극심해지는 양극화와 실업률 증가는 필연적으로 계속되는 저항을 불러올 것이다. 그것이 언제 어떻게 커다란 움직임으로 폭발할지는 누구도 예상할 수 없다.

누군가는 상황이 상황이었던 만큼 불가피한 일이라고 발뺌하고 싶겠지만, 본질은 하나다. 이 사태의 원인은 탐욕이라는 점이다.

99%의 저항을 잠재울 방법은 어찌 보면 간단하다. 경제 권력을 가진 1% 부자들이 자발적인 노블레스 오블리주를 통해 존경받을 수 있으면 된다. 이제 '가진 자'가 먼저 나서서 누구에게나 기회가 제공되는 공정한 경쟁의 틀을 구축해야 한다.

정말로 공룡 재벌과 공생(共生)이 가능할까?

재벌들의 욕심, 참으로 끝이 없다.

얼마 전 삼성, 롯데, 신세계 등 대한민국 재벌 총수 집안의 딸들이 백화점과 공항 면세점에서 해외명품·의류·광고시장, 제빵 제조업까지 진출해 이른바 '땅 따먹기' 경쟁에 열을 올리고 있다는 소식을 들었다.

그중에 베이커리의 경우는 백화점과 대형마트에서 독점권을 받아 빵을 공급하며 큰 수익을 올리고 있다고 한다. 상황이 여기서 끝나면 그런가보다 하겠지만, 이는 필연적으로 하나의 상황을 불러온다. 알다시피 물량과 가격으로 거대 상점을 이길 수 없는 동네 빵집들의 파산이다. 대통령이 국정지표로 내세웠던 공생발전은 흔적도 찾아볼 수 없는 결과가 아닌가.

그래서 ,

재벌들이여.
이제 그대들에게
부를 안겨준
'민주와 공화'를 위해
헌신하라.

아니, 사실상 대통령의 그 지표에 중소기업, 중소상인은 포함되지 않았다고 보는 편이 맞을 것이다.

2009년 이명박 정부가 출자총액제한제도를 철폐했다. 정부는 이를 대기업들의 신기술, 신사업 투자로 일자리 창출 효과를 얻기 위해서라고 발표했다. 그러나 오히려 이것이 재벌의 경제력 집중을 가속화시키고, 비정규직 문제를 악화시킨 것에 대해서는 어떻게 설명하겠는가? 이후 우리나라 10대 대기업 그룹의 매출은 제조업 전체의 40퍼센트를 넘어섰다. 대통령의 비즈니스 프랜들리 공약은 결국 대기업 프랜들리의 포장에 불과했던 셈이다.

소상공인들과의 공생 없는 기업친화정책은 조금도 반갑지 않다. 우리 헌법에 뭐라고 나와 있는가? 헌법 119조의 조항은 다음과 같다.

"국가는 시장의 지배와 경제력의 남용을 방지하기 위한 규제와 조정을 할 수 있다."

그러나 우리 국가는 이 '규제와 조정'에는 조금도 뜻이 없어 보인다. 지난 3년간 10대 재벌의 계열사는 212개(52%)로 늘었다. 이들이 먹어 치운 품목도 수도 없다. 심지어 삼겹살, 떡볶이, 꼬치구이 등도 포함됐다. 벼룩의 간을 내먹고, 어린아이 코 묻은 돈까지 빼앗는 격이다. 이런 재벌유통회사의 문어발 가맹점이 골목골목을 휩쓸며 수많은 가게들이 문을 닫았다. 이것이 경제력 남용이 아니라면 무엇인가? 경제력 남용을 규제하라는 법은 그저 장식품인가?

재벌 2·3세가 대주주인 계열사에 일감을 몰아줘 큰 이익을 안겨주는 불공정 행위에도, LG, 삼성 등 대기업이 공룡 같은 위세로 문구류 등 소모성 자재 구매대행(MRO) 사업에까지 뛰어들어 중소업체들의 목을 조르고 기업형 슈퍼마켓으로 골목 상권까지 싹쓸이하는 상황에서도 정부는 아무 말이 없다. 이렇게 모든 것을 잡아먹은 공룡이 전 생태계를 공생(共生)이 아닌 공멸(攻滅)시키고 있는데도 말이다.

최근 30대 재벌그룹의 계열사가 1,000개를 돌파했다. 돈 되는 일이라면 기업 윤리 따위는 내팽개치고 문어발 식으로 확장한 결과다. 이대로 가면 중소기업은 초토화되고, 재벌공화국이 들어설 수밖에 없다.

톨스토이는 말했다.

"부자로 태어났거나, 살면서 부자가 된 사람들은 그 부를 가난하고 소외된 사람들을 위해서 써야 한다. 그것이 신이 원하는 것이다. 도덕과 양심이 살아 있는 사회라면 부자는 특권이 아니다."

돈 많은 사람이 돈으로 할 수 있는 일을 가리지 않고 하려 든다면, 그 공동체는 건강할 수 없다. 과유불급이라고 했다. 세상사 지나친 것은 부족한 것만 못하다. 이 땅의 돈 많은 부자들이 새겨들어야 할 말이다.

그래서,

빌 게이츠,
워렌 버핏이 주도한
「재산 절반 기부 운동」에
57명이 참가했다.

통닭과 피자까지
싹쓸이 하는
한국 억만장자들,
이 소식 들었소?

천민자본주의의 제왕이 된 억만장자들

LG의 재벌 3세가 주가 조작으로 2백50억을 챙겼다. 대한민국에서 '주가조작꾼'은 대한민국 재벌 2·3세에게 주어진 또 다른 이름과 같다. 그 말고도 야구방망이 폭행, 음주운전 뺑소니, 병역기피, 부모 잘 둬 행복에 겨운 2·3세들이 판을 치는 곳이 바로 대한민국이다.

재벌 창업 1세대인 이병철, 정주영, 구인회, 최종건(삼성, 현대, LG, SK) 등은 대부분 정규고등교육도 받지 못한 가난한 사람들이었다. 그럼에도 기업을 일으켜 국가와 함께 성장하면서 지금의 재벌이 되었다. 만일 이들이 지하에서 자손들이 국민들의 지탄을 받으면서까지 재산 불리기에만 골몰하고 있는 걸 보면 무슨 생각들을 할까?

실로 창업 1세들이 개인적 치부와 더불어 경제발전의 견인차 역할까지 해냈다면, 그 뒤를 잇는 지금의 2·3세대들은 돈 빼돌리고 불리는 것에만 재주가 있는 것 같다. 실로 29대 재벌 총수 일가 190명이 '계열사 일감 몰아주기'로 10조 원을 불리고, 영세자영업 영역을 침범해 재래시장, 골목상권까지 궤멸시킨 것만 봐도 알 수 있는데, 실로 이 같은 총수 일가 배불리기는 다른 선진 자본주의 국가에서는 찾아볼 수 없는 행태다.

현재 대한민국 재벌가문의 2·3세들은 자신들이 소유한 비상장 계열사에 파격적인 배당을 해 수십억, 수백 억의 떼돈을 번 뒤에 경영권 승계와 엄청난 재산을 물려받아 40세 전후에 사장이나 회장 자리를 꿰찬 사람들이다. 이는 OECD 31개국 중 한국에만 있는 문화(?)다. 상황이 이러니 '천민자본주의'라는 말이 나올 법도 하다. '천민자본주의'는 결국 공멸을 부른다. 공룡만 남은 지구를 보라. 결국 끝장이 오게 마련이다.

상황이 이러한데도 재벌들은 아직도 배가 고픈 모양이다. 반값 등록금과 법인세 등 감세 철회를 '즉흥적 포퓰리즘'이라며 반대한 허창수 전경련 회장을 보라. 정책을 결정할 때 분명한 원칙을 제대로 지켰냐며 오히려 훈계한다. "창의적이고 근면한 개인에게 희망을 주고, 활발하고 자율적인 기업경영이 인정받도록 해달라"는 것이다. 그러면서 하는 말이 "투자 침체의 주요 원인은 중소기업과 자영업자 부문"이란다. 기가 막힐 노릇이다. 중소기업과 자영업자 부문을 어렵게 만든 장본인이 누구인가?

어느새 재벌들은 '공공의 적'이 되어버렸다. 실로 우리 사회 전반에 반 재벌 감정이 팽배하다. 재벌들은 이 상황을 어떻게 해결할 것인가?

일본 내쇼날 전기의 창업자 마쯔시다는 이미 60년대 초에 내쇼날을 세계적인 기업으로 키웠다. 이후 그는 업종 다각화를 추진하라는 지인들의 권고에도 불구하고, 한 종목에만 매진할 것을 결단했다. 또한 사후에는 모든 재산을 사회에 환원했다.

한국 재벌들이 그렇게나 운운하는 미국의 억만장자 워렌 버핏도 한국 재벌들과는 다르다. 그는 2005년 미국 버지니아 주를 휩쓸고 간 카트리나 참사 때 우왕좌왕하는 정부의 구호 대책을 보다 못해 엄청난 양의 구호품을 직접 싣고 현장으로 달려갔다. 또한 그도 1천억 달러가 넘는 전 재산을 자식에게 상속하지 않고 사회에 환원하겠다고 밝혔다.

워렌 버핏과 재산 절반 기부 운동을 펼치고 있는 빌 게이츠는 어떤가? 그는 현재까지 280억 달러를 기부했고, 남은 560억 달러 중 세 자녀에게는 1천만 달러만 상속하겠다고 밝혔다.

실로 이 나라 재벌들이 이들의 발끝만큼이라도 본받기를 바란다. 아니, 생색내기가 아닌 사회 환원으로서의 진정한 기부는 기대도 않는다. 몇 년 전 삼성 그룹의 이건희 회장의 경영권 인계 사건을 기억하는가. 아들에게 경영권을 넘기기 위해 전환사채를 저가로 배정해 세상을 떠들썩하게 했던 사건말이다. 얼마 전 SK 최 회장이 펀드 투자로 1천억 원을 날렸다는 사실을 당당하고 여유 있게 밝히던 모습도 떠오른다.

대한민국 재벌들은 어느 별 사람들인가? 한편에선 등록금 때문에 자살하는 학생들이 부지기수인데, 당신들은 말 그대로 안드로메다에 사는 사람들인가?

그래서·,

홍익대학, 170여 명
청소 노동자에게
2억8천만 원 손배소 제기?
참으로 쪼잔한
홍익 정신일세!

쪼잔한 홍익 정신, 차라리 빈대 벼룩의 간을 내어먹으라

2011년 1월, 홍익대학교 청소 노동자와 경비 노동자 170여 명이 무기한 농성에 들어갔다. 용역 업체가 바뀌면서 170여 명 전원이 계약 해지 통보를 받았기 때문이다. 홍익인간을 외쳐대던 홍익대 재단은 그렇게 '하루 10시간 노동에 월 75만 원'을 받고 일하는 가난한 노동자들의 밥그릇을 하루아침에 빼앗아 버렸다.

결국 홍익대학교 노동자들의 추운 겨울 농성은 50여 일이나 지속됐고, 그 과정에서 대학 측은 항의농성을 원천봉쇄하는 등 참으로 치사하고 야박한 모습을 보였다. 게다가 학생회에서조차 시험 기간이니 학생들 배려 차원에서 농성을 자제해 달라고 요구해 국민들의 빈축을 샀다.

지성의 전당이라는 대학에서 어떻게 이런 일이 일어났는지 안타까울 뿐이다. 국민들의 분노와 노동자들의 오랜 농성에 못 견뎌 억지춘향 격으로 최저임금 보장과 해고자 전원 복직 등에 합의하긴 했지만, 홍익대학교가 내세운 홍익이념이 사실은 빛 좋은 개살구에 불과했다는 것이 분명해졌다.

그런데 얼마 후, 마른하늘에 날벼락이 떨어졌다. 합의서에 잉크가 마르기도 전에 홍익대 재단이 이번에는 농성 노동자들을 대상으로 2억8천만 원의 손해배상청구를 한 것이다. 월 1백만 원도 못 미치는 쥐꼬리 월급에 점심값으로 3백 원 준 것으로도 모자라 이번에는 억대 손배소라니 기가 찰 노릇이다. 버르장머리를 고치겠다는 심보인가 본데, 누가 누구 버르장머리를 고쳐야 하는 건지 적반하장이 따로 없다.

손해배상 소장과 함께 첨부된 영수증 내역도 가관이다. 농성 기간 동안의 전기료부터 재단 측 직원들이 농성 기간에 근무하며 소비한 뼈다귀 해장국, 김밥, 백반 정식, 커피믹스, 종이컵, 초코파이, 과일, 오렌지주스 따위의 영수증과 담요 구입비 1백10만 원, 담요 세탁비 20만 원, 난방용 손난로 구입비 2만400원을 비롯해

심지어는 참이슬 후레쉬 다섯 병과 맥스 피쳐 한 병 영수증도 첨부돼 있다. 차라리 벼룩의 간을 내어먹는 게 낫다는 생각이 들 정도다. 게다가 이 손배소 전에는 업무 방해, 건조물 침입 등의 혐의로 홍대 청소 노동자와 노조 간부 등 7명을 총 1천6백만 원에 약식 기소하기도 했다. 홍익대학 재단이라는 곳에서 하는 일이란 게 이런 것이라면 다시는 홍익인간이라는 말을 그 입에 담지 말라. 지성의 보고라는 대학, 그 안에서 꿈과 열정을 키우는 학생들을 제발 부끄럽게 만들지 말라..

그래서,

돈에 팔린 변호사는
그 순간부터
'사회악'이 된다.

「도가니」와 「부러진 화살」

이른바 인화학교 성폭행 '도가니 사건'의 솜방망이 처벌로 나라 곳곳에 논란이 들끓었다. 비록 팩션이긴 하나 가해자 변호사들이 법정에서 피해자들과 증인들을 거짓말쟁이로 몰아세우고 무죄 주장을 하는 장면이 영화 『도가니』에서 적나라하게 공개되면서 엄청난 파장을 몰고 온 것이다.

이 영화를 보면서 무엇보다도 법정에서 벌어지는 공방 중에 변호사의 역할에 주목하게 되었다.

변호사법 1조는 변호사의 임무를 '기본적 인권 옹호와 사회정의의 실현'이라고 명시하고 있다. 즉 가해자의 범행을 은폐, 축소, 조작하는 것은 그 자신이 변호사임을 포기한 행위다. 사법부 불신

1장 정의를 '읽기'만 하는 부패한 사회에 대한 경고

의 화살이 검사에 한정되어 집중됐던 과거와 달리, 이제는 잘못된 판결과 관련해 법조계 전체, 즉 변호사와 판사에게도 책임을 물어야 하는 시대가 왔다.

이와 관련해 의미 있는 영화 한 편이 또 있다. 교수지위확인소송에서 패한 성균관대 김명호 교수가 담당판사 박홍우 씨를 석궁으로 쏜 '석궁테러 사건'의 법정을 재현한 영화 『부러진 화살』이다. 알려져 있다시피 나는 김명호 교수의 변호인 중의 한 사람으로서 이 사건의 진상규명을 요구한 바 있다. 하지만 여러 번의 재청에도 피고 측 주장은 받아들여지지 않았고, 김명호 교수는 징역 4년의 유죄판결을 받았다.

이 영화는 개봉되기 전부터 '사법부에 화살을 쏜 영화'로 트위터 등에 큰 반향을 일으켰는데, 무엇보다도 법정에 재현된 재판 과정의 부당함 때문이었다.

박홍우 판사를 석궁으로 쏘지 않았다는 김명호 교수의 주장은 묵살되고, 검사와 판사는 불완전한 증거를 통해 그를 유죄 판결하는 과정이 영화 속에 비교적 상세히 재현되어 있다.

나아가 이 영화에 등장하는 주인공 김경호 교수의 변호사 박준은 '변호사가 왜 존재하는지, 그가 진정으로 법정에서 할 일은 무엇인지'를 명확하게 보여주고 있다. 철옹성 같은 법정에 맞서 진실을 밝혀달라고 외치는 주인공 김경호 교수와 박준 변호사의 모습이 인상에 남는 영화다.

이제 대법원장도 국민들의 '도를 넘은' 사법부 불신이 어디에서 근거하는지 그 근본을 직시해야 한다. 이번 사건들에 국민적 분노가 폭발한 배경을 뼈에 새기듯이 반성해야 한다.

첫째, 국민들은 법원이 도가니 사건에서 죄질 나쁜 학교장을 집행유예로 석방하는 등 솜방망이 처벌을 내릴 수 있었던 건 사법부가 유전무죄와 유권무죄에 젖어 있기 때문이라 판단하고 있다. 그렇지 않고서야 어떻게 이렇게 가벼운 판결이 나올 수 있겠는가?

둘째, 영화 『부러진 화살』의 장면들이 보여주듯이, 우리 국민들은 대한민국 사법부가 국민의 눈이 아닌 '엘리트와 지배자의 눈'으로 국민들을 바라보고 있다고 느낀다. 약한 이들을 보호하고 그들의 권리를 대변하는 법이 대한민국에는 존재하지 않는다고 믿는 것이다.

셋째, 변호사들의 무분별한 사건 수임 또한 비난의 대상이다.

1장 정의를 '읽기'만 하는 부패한 사회에 대한 경고

변호사는 반드시 '사회 정의 실현'이란 사명으로 실체를 밝혀내는 작업에 협력해야 한다. 진실을 왜곡하는 순간 그 변호의 정당성은 사라진다. 변호사의 임무는 실체 진실 발견을 바탕으로 피고인의 불이익, 불공평한 처우를 받지 않도록 조력하는 것임을 명심해야 한다.

특히 변호사가 돈을 벌기 위해 피고인의 명백한 범죄를 은폐·축소하는 것은 헌법에 어긋난다. 그런 이들은 변호사법을 어긴 것과 다르지 않으니 자격을 박탈해도 할 말이 없을 것이다.

유전무죄 무전유죄의 세상

작년에 고려대학교 의대생 세 명이 여자 동기를 집단 성추행하는 사건이 벌어졌다. 피해 여학생은 의과대학 본부와 총학생회에 피해 사실을 알리고 가해자의 처벌을 요청했다.

그런데 놀랍게도 학교 및 해당 학과 측은 문제를 해결하려는 의지를 보이기는커녕 여전히 가해자와 피해자를 같은 교실에서 시험 보게 했다. 나아가 방귀 뀐 놈이 성낸다고 가해자가 오히려 피해자의 인격을 조사하는 공개 설문을 시도하는 등 비상식적인 행동으로 일관해 국민들의 공분을 샀다. 결국 얼마 뒤 가해 학생들의 출교를 촉구하는 시위가 이어졌고, 가해 학생들은 구속 기소되었다.

그런데 가해 학생들이 구속 기소된 이후, 또 다시 이 사건이 세

그래서 ;

떼돈 버는 데 열중한 고위 법관,
검사 출신 변호사들,
법으로 장사하는 이들!
똑바로 하시요!

간의 입방에 오르기 시작했다. 이른바 '대학 판 유전무죄'를 재현하기라도 하듯, 그들의 부자 부모들이 대형 로펌의 전관예우를 받는 변호사를 선임해 세간의 질타를 받은 것이다.

변호사를 선임하는 것은 문제가 되지 않지만, 중요한 방점은 '전관예우'에 찍힌다.

전관예우란 전직 판사나 검사가 변호사 개업을 할 경우, 그에게 유리한 판결을 내려주는 특혜를 말한다. 이 전관예우가 문제가 되는 이유는 간단하다. '변호사라는 직업이 근본적으로 어떤 것이냐'부터 생각해보면 된다.

만일 초등학교에 들어가는 내 아이가 변호사가 되겠다고 할 때, "어이구, 너 돈 많이 벌어서 좋겠구나!" 할 부모가 몇이나 될까? 그보다는 먼저 "그래, 무고한 사람의 억울함을 풀어주는 일을 하려는 걸 보니 장히구나, 너는 약한 사람들을 돕는 훌륭한 변호사가 되거라" 말할 부모가 훨씬 많으리라고 나는 믿는다.

변호사는 유럽에서 가장 먼저 태어났고, 생성된 배경은 다음의 원칙에서 출발한다. 가난하고 힘없는 사람들이 돈 많고 힘세고, 권력을 가진 이로부터 박해받는 것을 방어해주고 도와주는 것.

즉 억울한 사람을 죄인 만들지 않도록 조력하는 사람이 변호사다. 그런데 돈 많은 사람이 부정부패를 저질렀는데 그 과오와 죄를 덮어주고, 은폐하고 조작하는 일에 관여하는 것은 변호사로서의 자격을 상실하는 것과 다름없다. 그럼에도 누군가는 전관예우의 특혜를 돈으로 사고판다. 실제로 대법관을 지낸 변호사의 경우 전관예우 덕에 3년 안에 1백억원 현찰을 버는 법조 재벌이 되기도 하니, 전관예우 병폐가 심각한 수준을 넘어선 지 오래다.

사실 전관예우라는 말도 이치에 맞지 않다. 오히려 이것은 '전관비리'라고 해야 한다. 이것이 사라져야 비로소 사법정의가 바로 설 수 있다.

돈이면 병역 면제, 수사와 재판, 정당의 공천, 세무조사, 정부의 정책도 원하는 대로 할 수 있고, 돈 주면 방망이로 사람 두들겨 패도 되는 세상이라면 선진국, 공정사회는 아득히 멀기만 하다.

미네르바 VS 한승수와 강만수

많은 분들이 2008년 미네르바 사건을 기억할 것이다. 미네르바라는 필명을 사용하는 시민논객이 놀라울 만큼 정확하게 미국 발 금융위기의 진행 사항을 예견하고 분석해 커다란 파급을 일으킨 사건이다.

당시 국회에서 벌어진 한나라당의 미네르바 관련 질의에서 법무부장관은 "미네르바를 조사할 수 있다"고 발언했고, 나는 다섯 차례에 걸쳐 이에 대한 반박 글을 올렸다. 그중 한 편의 제목은 「혹세무민(惑世誣民)의 죄인은 누구인가?」였다. 그 글 전문은 다음과 같다.

① 필명 미네르바가 미국 발 금융위기의 예측과 대안에 관한 논설을 인터넷에 지속적으로 게재하여 '미네르바 신드롬'

그래서 ;

정부가 시민논객 미네르바를 혹세무민 죄로 구속기소했다. 누가 진정 혹세무민의 죄인인가?

또는 '경제대통령'이란 신조어가 탄생했다. MB정부는 법무부장관 등을 내세워 미네르바의 논설은 한국경제의 펀더맨탈(기반)을 과소평가한 바탕에서 자해적 가학적인 논리를 전개하여 정부의 신뢰를 깎아 내리려는 의도가 있다고 보여 검찰수사가 불가피하다고 표명하고 있다. 한마디로 혹세무민의 죄로 다스리겠다는 것이다.

② 미네르바는 한 평범한 시민이며 한국경제위기에 대한 그의 소신을 표명하고 있는 시민논객일 따름이다. 그것도 미국발 금융위기가 발발한 이후에 그의 예언적 진단과 처방이 적중하거나 현실감이 있는 것이어서 많은 이들의 공감을 사고 있다. 이런 사정인데, 그의 논설에서 어찌 혹세무민의 흔적을 찾을 수 있는가?

③ 97년 IMF위기는 96년 6월 이후 경고음이 울리기 시작했다. 반도체 메모리 256D램 값이 50달러에서 10달러 이하로 곤두박질치기 시작하고 경상수지 적자가 사상 최대로 예견되는 상황이었다.(96년 257억달러 적자) 외환방어시스템 구축 없

이 무조건 OECD가입을 추구한 김영삼 대통령 아래서 위기를 제대로 파악, OECD 가입 연기를 결단하는 등 위기 대응에 관한 대책을 대통령에게 제대로 보고한 고위관료는 한 사람도 없었다.

실로 96년 6월 하순, 나는 보다 못해 OECD 가입 연기와 외환방어시스템 구축, 경상수지적자 해소책 등을 공개적으로 건의했다. 하지만 김영삼 대통령으로부터 돌아온 대답은 "독불장군에게는 미래가 없다"는 경고 뿐이었다.

그렇게 위기가 심화된 96년 8월, 한승수 씨가 경제부총리에 취임했다. 그러나 그는 사태파악도 못하고 손 놓고 있다가 97년 1월 한보사태 등으로 위기가 현실화되자 3월에 사실상 해임되었다. 이어서 그 위기 속에서 IMF 사태를 맞은 것은 강만수 재경부 차관이었다.

여기서 위기를 파악 못한 책임, 설사 파악했더라도 필요한 정책 수단을 강구하려는 노력조차 않고 IMF 국가 부도사태를 받아들인 책임은 무슨 죄에 해당하는가? 한승수, 강만수는 당시 지속적으로 "한국경제의 펀드맨탈은 튼튼하고, 위기는 없다. OECD 가입 연기 등은 고려의 가치가 없다"고 강변했다. 이야말로 혹세무민이 아니라면 무엇인가?

더 놀라운 건, 그로부터 11년의 세월이 흐른 뒤 한승수는 국무총리로, 강만수는 재경부장관이 되었다는 점이다. 또한 한미통화스와프 계약 체결 시에도 "이제는 외환위기는 없다. 어렵게 미국 측을 설득하여 성사시킨 쾌거"라고 자화자찬까지 했다. 정말 위기는 끝났는가?

미국과의 스와프협정체결은 금융시장의 불안감을 일시 줄여주는 요인일 뿐, 글로벌 위기의 근원적 해소책이 될 수 없다. 지금도 달러 가뭄은 여전하고, 정부는 위기 해소의 근본적 대안을 제시하지 못하고 있는 상황이다. 그렇다면 이런 경솔한 언동은 혹세무민이 아닌가?

나아가 MB정부는 97년 외환위기의 책임자들을 총리, 장관으로 앉혀 놓고 그 위기의 책임을 시민논객인 미네르바에게 뒤집어씌웠다. 하늘이 웃고, 지나가던 소가 웃을 일이다. 누가 진정 혹세무민의 죄인가? 이 답은 그들 자신이 가장 잘 알 것이다.

1장 정의를 '읽기'만 하는 부패한 사회에 대한 경고

그래서

;

명확하지도
구체적이지도 않으며
비례의 원칙에도
어긋나는 족쇄법,
전기통신기본법
47조 1항을 규탄한다!

미네르바, 애초 걸지 못할 법이었다

2009년 서울중앙지검 마약조직범죄수사부는 '허위사실 유포 전담반'을 신설하고 미네르바 박대성 씨에게 전기통신기본법 47조 1항 위반 혐의로 구속영장을 청구했다. 다음 아고라 게시판에 '미네르바'라는 필명으로 올린 경제 관련 글들은 모두 '허위'이며, "국제신인도와 외환 시장에 영향을 끼쳤다"는 것이다. 그러나 이 논리는 얼마 안 가 수많은 네티즌 논객들에게 무참하게 격파 당했다.

당시 정부 스스로 외환에 위기가 있음을 여러 날에 걸쳐 은행과 금융기관 등에 좌시하지 말라고 지시한 바 있었다는 것을 잊었는가. 이 지시는 거의 공개적으로 이루어진 만큼 빠른 속도로 파급을 미쳤건만, 정부는 이를 미네르바의 글 때문이라고 덤터기를 씌웠다.

게다가 미네르바의 사건에 사람을 모욕한 경우 처벌토록 한 정보통신망법 70조를 적용할 수 없게 되자, 컴퓨터도 스마트폰도 없었던 박정희 정권 당시 만들어져 창고에서 먼지를 뒤집어쓰고 있던 전기통신기본법 47조 1항을 부활시켰다.

표현의 자유가 국민의 기본권을 제한할 때도 표현의 자유 본질은 훼손돼서 안 된다. 또한 그런 경우에도 법 적용은 최소한으로 되어야 하는 것이 상식이다. 그런데 그 죄를 광범위하게 규정하는 전기통신기본법 47조 1항은 명확하지도 구체적이지도 않은 데다, 비례의 원칙에도 어긋난다. 단적으로 말해 이 법은 애초에 걸지 못할 법이었다.

당시 나는 이미 다섯 차례에 걸쳐 미네르바의 글을 옹호하는 입장을 밝힌 터였다. 파동의 시작은 2008년 11월 초 국회에서 "미네르바를 조사할 수 있다"는 법무부장관의 발언이었고, 나는 그때부터 사건에 관심을 가지고 글들을 올렸으며, 진짜로 수사가 시작되자 가만히 지켜볼 수 없어 변호를 자처했다.

처음 미네르바를 만났을 때, 그는 아주 의기소침한 모습이었다. 그 글을 쓰면서 자신이 이렇게 되리라고는 꿈에도 생각 못했을 터였다. 그는 인터넷 IP 주소를 추적하면 바로 잡혀갈 수 있는 자신의 집에서 글을 썼다. 즉 어떤 의도도 없이 소신껏 양심대로 당당하게 쓴 글들이었다. 게다가 그 글들에 인용된 모든 정보와 자료들은 이미 공개된 것들이었다. 그런데 이것을 공문이냐 아니냐를 따지며 허위사실이라고 밀어붙이니 누군들 망연자실하지 않을 수 있겠는가.

당시 미네르바의 변론 요지는 다음 4가지였다.

첫째, 미네르바는 도주 및 증거인멸의 우려가 전혀 없다.

둘째, 전기통신법 47조는 위헌이며, 미네르바의 글은 해당하지 않는다.

셋째, 미네르바의 글은 정부정책의 불확실성, 신뢰상실에서 탄생한 것이다.

넷째, 미네르바를 죽이면 국민의 입은 잠시 닫힐 것이다. 그러나 오래가지 않아서 그 닫힌 입은 분노의 함성을 쏟아 낼 것이다.

결국 미네르바는 그의 글이 허위사실이 아니며 공익을 해칠 의도도 없었다는 판결로 2009년 4월 1심에서 무죄 판결을 받았다.

그런데 그 후 검사가 항소해 위헌제청 신청을 했고, 그럼에도 헌재는 "공익을 해할 목적으로 전기통신설비에 의해 허위의 통신을 한 자'에 책임을 묻게 한 전기통신기본법 47조 1항의 '공익'이라는 개념과 '해'의 정도가 사람에 따라 해석이 다르다는 점, 수사기관이 이를 남용할 소지가 있다"는 점을 이유로 위헌을 결정했다. 표현의 자유가 국민의 기본권을 제한하는 때에도 본질이 훼손돼서는 안 되며, 그런 경우라 해도 최소한으로 제한해야 한다는 취지다.

결국 무죄판결을 받긴 했지만 미네르바 박대성 씨의 상처는 깊었다. '경제 대통령'에서 '허위사실 유포 범죄자'로 구속됐다가 무죄 선고를 받고 완전한 자유인으로 돌아오기까지 미네르바 박대성 씨는 험난하고 외로운 시간을 보냈다. 구속과 원색적 공격의 과정을 겪으면서 그가 받았을 심리적 충격은 당사자가 아니고는 가늠할 수 없다. 그간 체중이 40킬로그램이나 빠졌으니 그 고충이 얼마나 컸을지는 더는 설명이 필요 없을 것이다. 그의 고통은 과연 누가 책임져야 하는가?

  미네르바 기소사건은 헌법에 보장된 표현의 자유를 무시한 사례로서 앞으로도 중요한 전례가 될 것이 분명해 보인다. '표현의 자유'는 국민의 기본권이며, 국가가 함부로 침해할 권리가 없다는 말을 위정자들은 더더욱 명확히 기억해야 할 것이다.

그래서",

JYJ의 활동의 자유를 방해 말라는 중앙지법의 판결을 KBS는 '출연금지'로 답했다. 법치주의 국가인지 의심스럽다.

JYJ, KBS 출연금지 왜?

내게도 꾸준히 관심을 갖고 지켜보는 아이돌 그룹이 있다. 바로 JYJ이다. 지금도 그들의 행보를 기사나 방송으로 접하며, 때로는 반가운 마음으로 안타까운 마음으로 응원하고 있다.

JYJ와의 인연은 2007년 7월에 시작되었었다. 우연히 JYJ와 SM 계약의 불평등한 노예 계약 사실을 듣게 된 것이다. 아직 살아가야 할 날이 많은 어린 청년들이 감당하기 힘든 억울한 일을 겪고 있는 것을 보고, 내가 할 수 있는 방법으로 작은 힘을 보태기 시작했다. 성명서를 내고, 인터넷에 JYJ 방송 취소와 관련해 방송통신위를 비판하기 시작한 것이다. 또한 2010년 6월에는 「소송사태에 휘둘리는 '동방신기', 어떻게 해결할 것인가?」에서 다음과 같이 주장했다.

해외에도 이미 널리 알려진 동방신기는 우리나라가 보호·육성해야 할 중요한 문화자산이다. 이런 동방신기가 2009년 7월 이후 계약사인 SM과의 분쟁으로 원만한 연예활동에 장애가 발생하고 있는 것은 엄청난 국가적 손해이다. 안타깝기 짝이 없다.

사태의 발단은 동방신기가 SM과 체결한 계약 내용이 해약이 원천적으로 불가능한 것 등 심각한 불평등 조항으로 구성된 '노예계약'이라는 사실에서 비롯되었다.

이러한 계약이 동방신기가 19세 미만인 미성년자일 때 체결되었다는 점에서 형법상 미성년자를 상대로 한 부당이득죄(349조), 준사기죄(348조)의 책임을 SM에게 물을 수도 있다.

이러한 상황에서 동방신기는 2009년 7월 법원에 SM과의 전속계약 효력정지 가처분신청을 제기했고, 이에 SM은 이의신청과 함께 동방신기 3인에 대해 22억 원의 손해배상 소송을 제기하였다. 이어 2010년 6월 28일 동방신기 3인은 SM을 상대로 1인당 10억 원의 손해배상 소송을 제기하였다. 동방신기가 소송사태에 파묻혀 가고 있다. 대단히 불행한 일이다.

이 불행을 끝낼 길은 없는가.

① 소송사태로 3인의 멤버와 나머지 2인의 멤버로 갈려서 독립된 연예활동을 하고 있는 것을 끝내고, 5인 멤버의 원상태로 돌아가야 한다.

② 사태의 발단과 근원적 책임은 SM에 있다. 대승적 입장에서 큰 호흡으로 사태해결에 앞장서야 한다.

③ 동방신기와의 계약이 원천적인 불평등 계약임을 법원도 인정하지 않았는가? 그러므로 SM은 소송으로 대응할 것이 아니라, 스스로 물러서서 사태를 해결할 아량을 보여야 할 때이다.

동방신기를 아끼고 사랑하는 국내외의 많은 성원자들은 빠른 시일 안에 5인의 멤버가 같이 활동하는 것을 간절히 보고 싶어 한다. 이러한 기대와 희망을 SM은 저버리지 말기를 바란다.

그럼에도 이들이 아직까지 KBS 가요순위 프로 「뮤직뱅크」의 순위 선정에서 제외되는 등 부당한 대우를 받고 있다. 그 모습을 보면 안타깝고, 우리 방송 현실이 개탄스러울 뿐이다. 오히려 공영방송이 부당함에 맞서 이들을 출연시켜야 함에도, 오히려 그 반대로 가고 있으니 이 나라가 진정 법치주의를 지키는 공정사회인지 의심스러울 뿐이다. 2009년 10월 중앙지법이 SM은 JYJ의 제3자와의 연예 계약을 방해하지 말라고 판결하고, 2011년 2월 SM의 JYJ 상대 소송도 기각했음에도, 공영방송이 앞장서서 이를 무시하고 있는 것이다.

　이유 또한 빈약하기 그지없다. JYJ의 신곡「삐에로」의 가사가 특정인을 비하·모욕해서 방송 부적격 판정을 했다는 것이다. 사회 현실을 얼마든지 비판하고 풍자할 수 있는 노랫말을 지레짐작으로 단정하는 것은 표현의 자유를 침해한 불법 행위다. KBS는 즉시 이를 시정하고 자숙해야 할 것이다.

　하지만 나라 안에서 이런저런 푸대접을 받고도 유럽이며, 일본, 아시아에서 맹위를 떨치며 인기몰이를 하는 JYJ를 보면 듬직하고 자랑스럽기도 하다. JYJ라서 더 짜릿하기도 하다. 작년에는 대홍수가 난 태국에 2억 원을 기부하기도 했다. 쪼잔한 이들에게 입은 상처를 털고 올곧게 나아가는 모습이다.

　JYJ, 지금처럼 앞으로도 당당하고 정직하게 활동해주시오!

김길태의 심장을 멈추게 한 차가운 날들

 2010년 6월, 서울 영등포구의 한 초등학교에서 8살짜리 여학생을 납치해 성폭행한 김수철 사건이 터졌다. 아이를 학교 운동장에서 480m 떨어진 자기의 반 지하방으로 납치해 범행을 저지른 것이다. 그 얼마 전 2월 부산에서는 김길태 사건이 있었다. 13세 여중생을 등굣길에 납치해 골목길이 많은 빈집으로 끌고 가 성폭행하고 살해했다.
 이 사건을 접한 후 많은 생각이 꼬리를 물었다. 이렇게 끔찍한 사건이 연속해서 벌어지는 이유는 뭘까? 우리 사회를 이 같은 강력 범죄로부터 보호하려면 무엇을 해야 할까?

 김길태가 1심에서 사형선고를 받은 이후, 나는 직접 그를 찾아

그래서,

사회가 저소득·저학력
계층을 제도적으로
뒷받침해주지 못한다면
언제든 제2, 제3의
김길태가 나올 수 있다.

부산교도소로 향했다. 그렇게 두 번에 걸쳐 만난 김길태는 마치 남 이야기를 하듯 담담한 표정으로 자신의 이야기를 털어놓았다.

그의 이야기는 슬프고도 끔찍했다. 어린 시절의 구타와 폭력, 두 차례에 걸친 11년의 교도소 생활…… 짐작한 대로 어둡고 우울한 삶이었다.

한때 그는 아버지가 너무 심하게 때려 '아버지는 아들을 때리는 존재'라고 생각했다고 한다. 또한 초등학교 2학년 때 우연히 부모의 대화를 엿듣고 충격에 빠졌다. 자신이 양아들이라는 사실을 알게 된 것이다. 그때부터 그의 마음에 적개심이 자라났다. 양아들이기 때문에 그렇게 때리는가 싶어 더 서러웠다. 집에서는 겉돌기 시작했고, 마음도 늘 불안정했다.

마음의 상처는 시간이 갈수록 곪아들었다. 중학교를 다닐 때는 비교적 평범한 학창 생활을 보냈다. 하지만 고등학교에 입학하고 나서는 수시로 선배들에게 불려가 맞았다. 한번 선배들의 표적이 되면 맞는 게 곧 학교생활이었다고 한다. 결국 두 달 만에 자퇴를 하고, 이후 세 차례나 너 소년원에 들락거렸다.

사회에 나와서도 그는 외톨이였다. 중졸에 소년원 기록까지 있는 그가 할 수 있는 일은 없었다. 유흥가에서 아르바이트를 해서 생활을 이어가다 사고를 치고, 또 수감되고…. 그러다 성인이 되자 아동강간미수 혐의로 징역 3년을 살고 출소 후에 또 다시 여성을 납치·감금·성폭행해 다시금 징역 8년을 살았다. 이 이야기를 들으며 계속 같은 생각이 머리에 맴돌았다.
'과연 이것이 김길태만의 이야기일까?'

해마다 학업 부적응과 품행 문제로 고교를 자퇴하는 아이들이 연간 1만5천 명이다. 지난 10년간 고교 자퇴생은 15만 명에 달한다. 대졸자들도 취업난이 심각한데 이들 고교 중퇴자들은 말 그대로 받아주는 곳이 없다. 소년 범죄자 수가 2007년에 전년보다 27%, 2008년에는 53%나 늘어난 것도, 이처럼 고교 중퇴자 수가 증가한 데 큰 원인이 있다. 소년범죄 예방을 위해서는 의무교육을 고교까지 확대하고, 학교가 학생 생활지도에 적극 나서야 하는 이유도 여기에 있다.

김길태도 비슷한 상황이었다. 직업훈련을 받고 싶었지만 교도소에 있을 때나 출소 후 한 차례도 기회가 없었다. 그래서 출소 후

제대로 된 직업을 얻지 못했다. '열심히 하면 됐지 핑계를 댄다'고 생각할 수도 있겠지만, 실제로 전국 47개 교도소·구치소에 수용된 기결수 3만5천 명 중 직업훈련을 받은 사람은 10명 중 1명 꼴에 그쳤다. 그나마 직업 훈련 시설이 부족해서 희망자를 모두 교육시키지도 못한다.

김길태는 두 번째 복역 중에는 환시·환청 증세를 앓았다. 그래서 정신치료 교도소로 지정된 진주교도소로 옮겼지만, 치료라고는 외부 정신과 의사가 한 달에 한 번 정도 와서 10초 정도 질문을 던지고 약을 처방해주는 게 전부였다. 본격적인 심리 상담이나 치료는 언감생심 꿈도 꿀 수 없었다. 실제로 전국 47개 교도소에 배치된 의사 76명 중에 정신과 전문의와 전문 심리상담사는 거의 없는 게 우리 현실이다.

전과자에 대한 사회의 냉대도 여전하다. 8년 만에 출소한 그는 경기 의왕에 있는 물류회사에 잡부로 취업했다. 하지만 전과자라는 사실이 밝혀져 50일 만에 쫓겨났다.

프로이트는 "인간이라면 누구에게나 범죄에 대한 충동이 잠재

1장 정의를 '읽기'만 하는 부패한 사회에 대한 경고

한다. 그러나 교육·도덕·사회적 책임 등의 요인으로 이를 억제하는 초자아(超自我)의 존재가 범죄를 제어하는 기능을 한다"고 주장한다. 김길태도 마찬가지다. 그가 정상적인 고교 교육을 받았거나, 교정 시스템이 제대로 기능했다면 이런 끔찍한 범죄는 일어나지 않았을 수 있다. 우리 주변에도 '김길태 증후군'의 예비 범죄 집단이 시한폭탄처럼 도사리고 있을 것이다.

그의 삶은 우리의 사회와 무관하지 않다. 우리 사회는 잠재적 강력범죄의 큰 구멍을 안고 있다. 사회 문제를 세밀하게 찾아내 구체적으로 해결해야 강력범죄의 재발을 막을 수 있다.

그 어떤 이유로도 제2, 제3의 김길태가 생겨나서는 안 된다. 우리 사회 전체가 강력범죄 안전망 구축을 위해 지혜를 모을 때다.

흉악범죄 기승이 좌파정권 탓?

 2011년 3월 16일 한나라당 원내대표인 안상수 씨 입에서 믿지 못할 말이 터져 나왔다. "성폭력범죄 등 극악무도한 흉악범죄들이 생겨난 것은 DJ, 노무현 정권 10년간의 좌파편향 교육으로 법치주의가 무너진 탓"이라는 것이다.
 이 말은 커다란 논쟁을 불러일으켰고, 대한민국 강력범죄의 기원과 역사에 대한 분석 또한 분분하다.

 1979년 12.12사태 이후 전두환 육군소장그룹의 신군부가 육군 일부 조직을 동원해 폭력적으로 권력을 찬탈하고, 5·18광주항쟁을 진압한 후 5공 시대를 열었다. 그런데 많은 이들이 5공 군사정권의 탄생 과정과 그 후 10년에 걸친 강압통치 기간에 특이한 범죄현상이 빈발하고 폭력적 한탕주의 범죄가 기승을 떨쳤다는 데

그래서 ,

안상수, "좌파교육
때문에 아동성폭력
범죄가 발생했다"
여당의 원내 대표가
할 말인가?

동의하고 있다.

  1982년 5월, 부산에서 한 강도가 피해자의 범죄 신고를 막기 위해 어린 자녀가 지켜보는 중에 그들의 어머니를 강간하는 패륜적 성폭력 범죄가 발생했다. 나아가 이와 비슷한 극악무도한 범죄가 5공 초기부터 전국적으로 발생하기 시작해 전국으로 확산되었다.

  일련의 분석에 따르면, 권력이 한탕주의 폭력으로 무소불위의 권력을 휘두르고, 권력층의 천문학적인 치부 행위가 일반화됨으로써 이것이 패륜적 한탕주의 범죄를 증가시킨 요인이 되었다고 한다.

  실제로 패륜적 성폭력 범죄가 5공 정권의 정당성과 정통성 결여와 강권통치에서 비롯되었다는 주장이 1985년 2월 12일 12대 국회의원 선거 때 야당인 신민당에 의해 엄중하게 제기된 적이 있다. 또한 패륜적 범죄 방지를 위해서라도 5공을 조속히 종결시켜야 한다는 이 주장도 국민들의 절대적 호응을 얻었다.

  현 시점의 성폭력 등 범죄 증가는 다양한 요인이 있겠지만, 대표적으로 산업화 과정에서의 양극화 등이 한 요인으로 지적될 수 있다. 그러나 안상수 원내대표의 말마따나 그 원인을 찾아보자면

흉악범 발생의 토양은 5공 정권이 뿌려놓은 '한탕주의' 라는 요인도 포함된다는 점을 분명히 인정해야 한다.

그럼에도 한나라당 원내대표가 성폭력 등 흉악범죄가 생겨난 것은 지난 10년의 좌파정권 탓에 돌리는 것은 원인을 제대로 살피지 않은 탓을 넘어 개인의 인지능력까지 의심케 한다.

어떻게 그는 자신이 말한 '좌파정권' 도 사실상 5공 군사정권독재의 강압통치의 반작용으로 태어날 수밖에 없었다는 요인을 외면하고 있는가?

오늘날 한나라당 주류는 5공 정권의 민정당 잔존 세력들로 구성되어 있다. 한나라당의 주류지도자들은 반민주적, 강권통치시대를 냉철하게 반성 한 일이 있는지 되묻지 않을 수 없다. 보다 신중하고 사려 깊은 언설이 필요할 때이다.

희망버스에 담긴 염원

'부산 영도, 한진중공업, 35미터 85호 크레인.'

지난 1년 가까운 시간 동안 김진숙 씨가 지낸 집의 주소다. 35미터 높은 곳 허공의 한 평 남짓 조종실에서 김진숙 씨는 한 해의 봄, 여름, 가을, 겨울을 보냈다.

지지난해 1월, 전기장판에 이불 하나 달랑 들고 그 높은 곳으로 오를 때, 다시 땅으로 내려오기까지 이렇게 오랜 시간이 걸리리라 짐작이나 했을까?

민주노총 부산본부 지도위원으로 한진중공업 해고자 문제 해결 촉구를 위해 혈혈단신 허공살이를 자처한 김진숙 씨는 참으로 많은 사람의 애를 태웠다. 김진숙 씨 잘못은 아니지만 혹시 위에서 잘못 탈이라도 날까 이만저만 걱정들이 아니었다.

그래서,

"정리해고, 두려움 없는 세상에 살기를 염원하는 국민을 두고 대통령과 국회의원은 '신나는' 공천 잔치?

그동안 얼마나 많은 일이 있었는지…. 국민들의 개별 청원도 심사하는 곳이 국회인 만큼, 당연히 한진중공업 사건도 국회의원들이 먼저 나서서 일이 커지는 것을 방지해야 했음에도, 그 일을 희망버스가 대신했으니 낯부끄럽다.

국회는 용광로와 같다. 국회의원들은 그 용광로를 부글부글 끓이는 사람들이다. 어떤 현안이든 녹여내 논의하고, 대책을 마련해야 한다. 그런데 부산에 희망버스가 집결한 것은 국회가 용광로의 기능을 상실하고, 국회의원들이 구경꾼으로 전락한 탓이다.

통치 권력이 정당하지 않았던 군사독재 시절의 국회는 자연히 여야의 싸움판이 될 수밖에 없었다. 하지만 6·29 체제에서는 싸움이 아니라, 모든 현안을 국회로 가져와 '논의하고 타결' 해야 한다. 한진중 문제를 거리투쟁으로 방치한 것은 일종의 국회의 직무유기라고 봐도 할 말이 없다. 이조차도 못하는 국회는 국민이 먼저 포기할 수밖에 없는 것이다.

자발적으로 모여든 각계각층의 사람들이 희망버스 150대를 타고 부산의 한진중공업으로 향한 것도 비정규직과 정리해고 등 노사갈등의 근본 문제를 더 이상 방치하고 묵살할 단계를 넘어섰다

1장 정의를 '읽기' 만 하는 부패한 사회에 대한 경고

는 신호다.

실제로 비정규직 문제의 심각성은 한진중공업 사태에서만 드러난 것이 아니라, 이미 임계점을 넘어섰다. 이렇게 시급한 문제는 국회가 먼저 불을 밝히고 해결책을 모색해야 한다. 그런데 지금은 국회도, 정부도 무기력, 무책임하기 짝이 없다. 이 무렵 재벌, 대통령, 국회의원들은 평창올림픽을 유치했다고 샴페인을 터뜨렸는데, 그 열정으로 비정규직 문제부터 심각하게 고민해야 하는 것 아닌가.

대한민국 자살공화국 현상은 빈부격차, 노사갈등, 고액등록금, 청년실업 등 복합적인 원인에서 비롯된 것이다. 한진중공업 사태를 반면교사 삼아 앞으로는 비정규직 문제는 물론 다양한 서민갈등문제 해결에 박차를 가해야 한다.

강제징용 할머니의 슬픔과 절규

"하늘이여, 우리가 지은 용서받을 수 없는 죄악을 어찌하오리까. 용서, 용서, 용서하소서."

1970년 12월, 서독 수상 빌리 브란트가 비 내리는 초겨울 폴란드 바르샤바 근교의 유태인 학살 수용소 아우슈비츠 위령비 앞에서 울먹이며 기도를 올렸다. 무릎을 꿇고 사죄하는 그의 모습은 백 마디 말보다 분명한 참회의 진심을 보여주었고, 세계 언론은 그의 행동을 "무릎을 꿇은 건 한 사람이었지만, 일어선 것은 독일 전체였다."라며 대서특필했다.

아무도 예상하지 못한 브란트의 이 돌발 행동은 독일에 극심한 반감을 갖고 있던 폴란드를 비롯해 전 세계의 굳은 마음을 풀어줌으로써, 오늘날 독일이 EU의 주요 파트너가 될 수 있었던 초석이 되었다. 이후 왜 그런 행동을 했느냐는 기자들의 질문에 브란트는

그래서,

"불쌍한 할매들 늙어서 다 죽어 가는데, 이제 와서 일본하고 협의하나? 배상금은 무덤에서 줄 건가!"

이렇게 말했다.

"나치에 희생된 많은 영령들 앞에 서는 순간 인간의 말이 소용없음을 느꼈다. 그때는 말보다는 행동이 필요했을 뿐이다."

이후 독일 정부는 유태인 학살을 반인류적 범죄로 단정하고, 관련자에 대한 공소시효를 파기함으로써 학살 관련자 처벌 조치로 유태 민족, 이스라엘과의 과거사를 정리했다.

즉 브란트 수상은 비록 자신과 관련 없는 일이지만 국가 지도자로서 동족의 죄를 사죄하고, 나치 만행의 과거사를 정리해내는 중요한 결단을 내리고 시행한 통 큰 인물이 아닐 수 없다.

이 일화를 떠올리면 입맛이 쓰지 않을 수 없다. 반사적으로 우리나라와 일본의 관계를 떠올리게 되는 까닭이다. 그간 일본 정부는 행동 없는 사과만 거듭해왔다. 그 사과는 늘 공허한 말 뿐이라 곧 자취 없이 사라져버리곤 했다. 그나마 정부 각료 등 책임 있는 자리에 있는 사람들은 그 사과 발언마저 부인했다.

일본 국회가 2001년부터 8차례나 '강제동원 위안부 지원법' 발의를 기각한 것만 봐도 알 수 있다. 자칭 일류국가가 주요 국가전략이라고 떠벌리는 일본은, 그럼에도 침략, 약탈, 학살의 역사를

1장 정의를 '읽기'만 하는 부패한 사회에 대한 경고

왜곡하고 영토분쟁을 일으키는 현재의 상황을 바로잡지 않고서는 결코 일류국가가 될 수 없다.

이제 일본은 독일의 유태인학살에 대한 반성·사과와 조치를 본받아야 한다. 진정으로 한일과거사를 정리하고 싶다면 다음과 같은 조치를 취해야 한다.

첫째, 1905년 을사보호조약, 1907년 정미7조약, 1910년 한일합방조약 등은 폭력과 강제력으로 체결된 것인 만큼 원천무효임을 분명히 선언한다.

둘째, 1965년 체결된 한일기본조약에서 1910년 체결된 한일합방조약 등이 원천무효임을 선언하지 않았고, 배상금 산정에서도 엄청난 누락분이 있었다. 또한 이 조약은 필리핀과 인도네시아와 체결된 조약 내용과 비교할 때 현저하게 불평등하며, 조약 체결 후 1991년 남북한이 UN에 동시 가입함으로써 북한 지역의 피해배상 역시 포괄할 필요성이 제기되는 등 변경 요소가 많아진 만큼 전면 개정하여야 한다.

셋째, 독도는 역사적, 현실적, 법률적으로 대한민국 영토이다. 일본은 얄팍한 술수로 독도를 일본 영토 죽도(다케시마)라고 더는 우겨서는 안 된다.

지난 8월 30일 헌법재판소는 한국 정부가 일본군 위안부 문제 해결을 위해 노력하지 않는 것은 피해자의 기본권을 침해하는 위헌 행위라고 선고했다. 헌법소원 심판청구를 제기한 때로부터 5년 후에 이루어진 결정이었다.

실제로, 1965년에 맺은 한일협정에서 청구권 내용을 명확히 하지 않고 외교관계를 내세워 일본 위안부 문제를 방치한 것은 국가의 직무유기다. 이것은 정부가 단호하고 분명한 태도를 보여야 했던 중요한 사안이었다.

더 화나고 안타까운 것은 이미 너무 많은 시간이 흘렀다는 점이다. 그로부터 햇수로 20년이 흐르는 동안 1992년 235분이었던 할머니들 중에 이제 생존자는 단 64분뿐이다. 할머니들에게는 시간이 없다. 무심한 정부와 국회는 할머니들이 모두 돌아가시는 날을 손 놓고 기다릴 게 아니라면, 한시라도 빨리 행동해야 한다.

2011년 12월 14일, 위안부 할머니들의 수요 집회가 1천 회를 맞이한 날, 일본 정부가 일본대사관 앞 공용지에 세운 '위안부 소녀의 평화비'를 철거하라고 강력 요구해왔다. 외국공관의 안전과 품위 유지에 주재국의 협력 의무를 규정한 빈 협약 22조를 어겼다는 것이다. 터무니없는 말이다. 대사관경 외의 공용지에 평화기원 소형조형물을 설치하는 문제는 빈 협약 규제 대상이 아니다.

　진정 품위 유지를 할 수 있는 가장 간단한 방법은 딱 하나, 사과와 배상임을 저들은 아직도 모르는 모양이다.

천만 원 등록금에 고통 받는 청년들에게

많은 이들이 대학 등록금을 '미. 친. 등. 록. 금' 이라고 칭한다. 이른바 1천만 원 등록금 시대가 다가왔다. 대학생 8명 중 1명이 등록금을 마련하지 못해 휴학하고, 기를 쓰고 아르바이트를 해도 10명 중 7명은 졸업과 동시에 빚쟁이 신세가 된다. 그나마 아르바이트와 학업을 병행하느라 겨우 6~7년 만에 졸업하고, 이후에도 취업은 하늘에 별 따기다.

설상가상으로 아르바이트 대학생들이 범죄 피해자가 되는 상황도 벌어진다. 심야에 편의점에서 발생하는 강도 사건의 직접 피해자가 대부분 등록금 벌려고 아르바이트에 나선 대학생들이라는 조사 결과가 있다. 국가가 등록금 해결은커녕 등록금 때문에 사각

1장 정의를 '읽기' 만 하는 부패한 사회에 대한 경고

그래서 ■,

교육의 탈을 쓴 자들이
탐욕적인 돈벌이에
골몰하는, 교육국가
대한민국.

지대로 내몰린 어린 청년들의 안전조차도 지켜주지 못하고 있다. 심지어 등록금 사태로 자살자까지 속출하고 있으니 등록금이 사람 목숨을 위협하는 시대이다.

그런데 학생 한 명당 연간 천만 원을 받아내는 모 재단 이사장은 학생 등록금으로 2억 원이 넘는 벤츠를 굴리고 다닌다. 학생들과 그 부모들의 고혈로 짜낸 등록금으로 흥청망청 대학재단들만 꽃놀이다.

나 역시 처음 신문에 실린 등록금 천만 원 광고에 엄청난 충격을 받았고, 그 길로 「천만 원 등록금에 고통 받는 대학의 젊은이들께」라는 글을 써서 인터넷에 올렸다. 그게 벌써 2008년 겨울의 일이다. 그런데 아직도 대통령과 정부는 별다른 대안을 내놓지 않고 있다. 그래서 다시금 그때 올렸던 전문을 실어본다.

① 이명박 대통령의 식언(食言)을 두고만 볼 것인가?
② 국회의원들이 등록금 천만 원에 고통 받는 학생들을 외면하는 것을 보고만 있을 것인가?

1장 정의를 '읽기'만 하는 부패한 사회에 대한 경고

1) 이 대통령과 한나라당은 대통령선거공약에서 대학의 등록금 50퍼센트 인하를 분명히 공약했다. 지켜져야 한다. 이 대통령은 후보 시절부터 지금까지 여러 차례 중요한 이슈에 말바꾸기를 해왔다. 더 이상 국가원수로서의 도덕적 권위를 훼손하지 말아야 한다. 결단을 촉구한다.

2) 국회의원 4년 유지비 2조7천억 원 지방의원 4년 유지비 1조7천억 원, 총 4조4천억원의 혈세가 낭비되고 있다. 2007년 정기국회에서 통과된 2008년의 260조 국가예산은 제대로 심의하지 않고 방망이 쳐 넘겼다.

왜 그랬을까? 이듬해 4월(2008년4월) 국회의원선거의 후보 공천을 노려 국회의원들이 유력한 대통령 후보, 당의 실세 기득권자들을 따라다니느라고 국회의원의 직무를 포기하였기 때문이다.

260조 예산 중 제대로 심의했다면 최소 10퍼센트인 26조를 아껴서 청년실업 및 비정규직 대책, 대학생 등록금 인하 등에 유용하게 사용할 수 있었을 것이다. 26조는 260만 명에게 천만 원씩 나눠줄 수 있는 돈이다.

국민은 국회의원들이 헌법46조 '국가이익우선, 양심직무를 행하라'는 자율권 행사가 원천적으로 불가능함을 알게 되었다. 썩고 병든 정당이 밀실, 야합, 돈 공천으로 국회의원을 만들어 내고 있는 현실에서 이들에게 무엇을 기대하겠는가?

대학의 젊은이들이여, 제군들이 고통 받는 고액등록금 인하를 쟁취하려면 썩고 병든 여의도를 그냥 둘 순 없지 않는가?

대통령에게도 엄중히 경고해야 한다. 대학이 황폐화되고 국가경제가 어려운데도 사익추구에만 몰두하는 썩고 병든 정치를 깨야 되지 않겠는가?

국가의 근본을 생각할 순간이다.

'반값 등록금'은 이주호 씨가 교과부 장관이 되기 전에 입안해 이명박 대통령이 선거공약으로 채택한 것이다. 그런데 지금 그 두 사람은 아무 말이 없다. 왜 대통령은 뒤로 숨기만 하는가? 마땅히 대통령이 전면에 나서야 한다.

대통령은 국가원수로서 국민통합을 실천할 책무가 있다. '반값 등록금' 사태로 정부와 대학생들 간에 갈등이 고조되고 있다. 가령 이를 공약으로 내세우지 않았다 해도, 현재 등록금 문제는 결코 외면할 수 없는 사안이다.

  또 하나, 앞으로는 청년들이 먼저 나라의 정치에 관심을 가져야 한다. 그래야 정치하는 사람들도 자기 마음대로 못하는 법이다.

  대학의 젊은이들이여, 고액 등록금을 내리기 위해서라도, 썩고 병든 여의도를 그냥 둘 수 없지 않은가?

  그대들이 먼저 나서서 대통령에게 엄중히 경고해야 한다! 대학이 황폐화되고 국가 경제가 어려운데도 사익 추구에만 몰두하는 파렴치한 정치를 이제는 여러분들이 깨야 한다.

지난 4년 새 뇌물 공직자 수 5.5배로

지난 4년 사이에 뇌물징계로 처벌 받은 공무원 수가 무려 5.5배나 증가했다. 2006년에 비해 공금유용도 3배, 공금횡령도 2.3배, 공문서 위변조도 3.3배, 품위손상도 2.6배 증가했다. 이명박 정부는 공정사회 구현, 부패 없는 사회를 우선 목표로 하겠다고 했는데, 오히려 우리 사회의 비리 부패 정도는 갈수록 심해지고 있다.

게다가 부패를 저지르는 방식도 다종다양하다. 막강한 정책 결정권과 집행권을 이용해 직산접적으로 금품을 요구하는가 하면, 지자체 공무원들이 교육이나 근무 시간에 몰래 골프를 치거나 제멋대로 골프 회원권을 사용하다 감사원에 적발되고, 공무원이 근무지나 출장지를 벗어나 카지노 도박을 해서 무더기로 엮이기도 한다. 이밖에도 보조금 부당 지급과 인사 전횡 등 사회 곳곳이 공

그래서,

공자는
"군왕과 신하가
그답고, 백성이 이에
따르면 나라가
평안하다"고 했다.

무원 비리로 몸살이다.

  그런데도 징계는 솜방망이 수준이다. 공무원 행동강령 위반자 중에 파면·해임·정직 등의 중징계 처분을 받은 공무원은 절반도 되지 않는다. 나머지는 주의·경고·훈계 같은 경미한 처분에 그쳤다. 부패를 저질러도 살판나는 세상이다.

  공직자들의 국가 정보 이용, 근무시간 주식 투자 행위도 횡행하고 있다. 이는 공공조직의 기강 궤멸, 사정과 감찰 기능 마비의 증거에 다름 아니다. 대통령과 상층 지휘부의 결연한 의지가 없을 뿐더러, '나보다 크게 해먹는 사람도 있다'는 인식이 사태를 악화시키고 있는 것이다.

  국민권익위원회의 조사 결과는 더 암담하다. 2011년 우리 사회 부패 정도는 65.4퍼센트로 2010년보다 무려 13.8퍼센트나 급증했다는 결과는 물론, 부패척결이 시급한 곳으로 정치권이 1순위로 뽑히기도 했다.

  또한 앞으로 '부패가 늘어날 것'이라는 응답도 증가했다.

  또 하나 눈에 띄는 것은 국민들과 기업들은 부패척결이 시급한

1장 정의를 '읽기'만 하는 부패한 사회에 대한 경고

분야 2순위로 행정기관을 꼽은 반면, 공무원 자신들은 근무하는 행정기관을 5위로 꼽은 것이다. 이는 국민과 공무원 사이의 인식 간극을 뚜렷하게 보여준다.

나아가 공직사회에 대한 부패 인식도 차이가 크다. "공직사회가 부패했는가?"라는 질문에 국민의 56.7퍼센트가 동의한 반면, 공무원은 2.9퍼센트만 동의했다. 공무원의 부패불감증의 도가 지나치다는 증거에 다름 아니다.

2010년 11월 전세대란이 시작될 무렵, 사는 집을 놔두고 따로 거주용으로 매입한 아파트를 전세 놓아 질타를 받은 정종환 전 국토해양부 장관의 사건을 기억하는가? 심지어 주택행정 책임자가 이 정도이니, '윗물이 맑아야 아랫물이 맑은 법'이라는 말을 새삼 곱씹게 된다.

미국 뉴욕의 지사였던 패터슨은 뉴욕양키즈 경기 관람표 5장을 공짜로 받았다고 망신살을 톡톡히 샀다. 주 윤리위원회가 표 값의 30배인 벌금 6만 달러를 물린 것이다. 이유는 조직 수장이 비도덕적 행위로 공정치 못한 풍조를 남겼다는 것이었다.

한국의 공직윤리도 이 수준까지 올려야 한다.

분노하라!

2008년 전 국세청장 이주성이 재직 시 19억짜리 강남 호화 아파트를 뇌물로 받은 사실이 드러났다. 썩고 병든 정계와 공직사회 부패의 한 단면이자 빙산의 일각이다.

하지만 부패 공직자들만의 잘못도 아니다. 우리는 과연 국가경영을 책임지는 사람들, 혈세를 거둬들이고, 사용처를 결정하고, 이를 감시, 감독할 책임이 있는 국회의원 고위공직자들이 국민으로부터 위임받은 책무를 성실히 수행하고 있는지 얼마나 잘 감시하고 있는가?

이들이 주어진 임무를 포기하거나 소홀히 할 때 그 피해는 고스란히 국민들에게 돌아간다. 하이에나로 돌변하여 한 건에 19억짜리 아파트를 삼키는 국세청장, 그런 망나니의 지휘 아래 국세청이

그래서 ;

슬픔도 분노도 없이
살아가는 자는
조국을 진정으로
사랑할 자격이 없다.

세금을 적정하게 책정하고 거두어 들였을지 의문이다.

  나아가 밀실야합, 돈으로 공천 받아 당선된 자율권(헌법46조)이 거세된 국회의원들이 그렇게 거둔 세금으로 국가예산 세입과 세출을 꼼꼼하고 정직하게 결산할 수 있겠는가?

  뇌물로 쓸려간 혈세, 불요불급하게 지출되는 혈세는 청년실업 대책, 저소득층과 비정규직 대책비 등을 고갈시키고 경제난과 계층분열을 극대화시키게 마련이다.

  19세기 러시아의 시인 네브라스카는 말했다. "슬픔도 분노도 없이 살아가는 자는 조국을 진정으로 사랑할 자격이 없다."

  젊은이들이여, 국세청장의 19억 뇌물, 이것이야말로 여러분들을 후려치는 방망이가 아닌가?

  분노 없이는 아무것도 바로잡을 수 없다. 분노하라!

그래서

;

밀실야합, 돈 공천,
계파 싸움,
의원자율권 말살,
정당 지도부의
당론조작… 위헌
천국 여의도 국회!

여의도식 정치 폭파하고 새 틀을

　국회가 싸움판, 난장판으로 변질된 지 오래다. 대한민국 국회는 큰일이 있을 때마다 대화와 타협이 아닌 몸싸움으로 해결을 보려는 것 같다.
　이에 언론은 언론대로, 네티즌은 네티즌대로 국회의원을 나무라고 국회의원 자신들조차 이를 개선하겠다며 "국회 폭력에 동참할 시 총선에 불출마하겠다"고 나서곤 한다. 그럼에도 난장판 국회는 아직도 제 궤도를 찾지 못하고 있다.

　도대체 무엇이 국회를 난장판으로 만드는가? 가장 근본적인 원인은 국회 구성원인 의원들이 헌법에 명시된 본연의 의무를 망각하고 있다는 데 있다. 헌법 제46조는 이렇게 말한다.
　"국회의원은 국익을 우선하고 양심에 따라 직무를 행한다."

국익 우선은 내팽개치고, 양심이 아닌 당명에 따라 행동하는 국회의원들이 바로 난장판의 주범들이다.

나아가 사태의 원인은 공천에서도 비롯된다. 국회의원 후보의 공천권과 당론 결정권을 정당 소수 실세들이 틀어쥐고 있으니, 거기에 줄서고 돈 갖다 바치면서 공천 받아 국회의원 되는 이들이 부지기수다.

또한 이렇게 국회의원이 되고도 같은 방식을 고수해야 의원직을 유지할 수 있으니, 여당이든 야당이든 당론이라는 이름으로 통일을 강요할 때 이견을 제시하거나 저항할 수 없다. 그래서 사안 해결이 여야 편싸움으로 번지고 마는 것이다.

우리 국회와 국회의원이 이 지경에까지 이르게 된 건 불행한 우리의 헌정사에서 비롯된다. 우리 역사는 1948년 8·15 정부 수립 이후 60년 중에 군사·독재 정권의 존립 기간이 절반이 넘는다. 이런 상황에서 여당은 최고 권력자의 친위, 관변 조직으로서 국회의원 후보도 당연히 낙하산으로 결정되었다. 실로 당시에는 후보 선정에 경쟁이란 게 없었다.

물론 1987년 6·29 이후 새로운 헌법이 시행되고, 20년이 넘는 시간이 흘렀다. 그동안 군사독재의 최고 권력은 사라졌다. 그럼에도 국회는 안정되기는커녕 여야의 새로운 전쟁터가 되어가고 있다. 이유는 무엇일까?

우리 헌법은 국회의 행정부 견제와 사법부 독립 보장이라는 삼권분립을 제도화하고 있다. 즉 국회가 행정부를 견제하고 독립성을 유지하려면 국회의원의 자율권 행사가 보장되어야 한다. 그런데 지금 이 자율권이 무너진 것이다. 이른바 당론이 국회의원들을 휘어잡고 있는데, 사실상 국회의원 한 사람, 한 사람이 헌법 기관인 이상 당론이란 권고사항에 그쳐야 하는 것이 옳다.

이제 국민의 결단만이 국회 사태를 해결할 수 있다. 우리 헌법 1조에 "대한민국의 주권은 국민에게 있고 모든 권력은 국민으로부터 나온다."고 명시되어 있듯이, 국민은 헌법상 최고의 기관이다.

이제 국민이 나서야 한다. 한국은 영국, 미국, 유럽처럼 국민주권 쟁취를 위해 전제 왕정과 싸워본 경험이 없다. 그래서 국민주권을 소홀히 하는 경향이 있다. 소중한 국민주권을 두 눈 부릅뜨고 올바로 행사해야 한다.

1장 정의를 '읽기'만 하는 부패한 사회에 대한 경고

이제 국민이 국회, 국회의원, 정당에 물어야 한다.

첫째, 당신들의 정당에 자발적으로 당비를 지속적으로 내는 진성당원은 몇인가?

둘째, 진성당원이 거의 없는 소수 기득권자들의 패거리 정당에서 몇몇 실세들이 당론을 장악하고 국회의원 후보, 지방자치단체의 장 및 의원 후보 공천을 밀실, 야합, 돈으로 자행할 권력은 과연 누구로부터 부여받은 것인가?

셋째, 밀실, 야합, 돈으로 공천되어 탄생한 국회의원이 헌법이 명시한 자율권=국익우선, 양심직무의 책무를 다할 수 있겠는가?

넷째, 전쟁터, 난장판 국회 사태로 대한민국의 브랜드 가치가 폭락한 것에 대한 책임을 당신들(정당의 실세, 국회의원들)은 어떻게 질 것인가?

아직은 허망한 질문일지라도 지금 저들에게 물어야 한다. 절대 기득권자들은 스스로 사태를 분석하고 해결하지 못한다. 정당의 특권 폐지, 투명한 상향식 국회의원 후보공천, 자율권이 보장된 국회운영을 위한 법률의 제정 및 개정에 전 국민이 나서야 한다.

이제 여의도식 정치를 폭파하고 새로운 틀을 짜야 한다. 백범 김구 선생의 생전 마지막 휘호를 상기하자.

'國家興亡 匹夫有責(국가흥망 필부유책)'

나라가 흥하고 망하는 일에는 보통의 국민도 책임이 있다.

2장

여의도식

밀실정치를 격파하라

그래서 ;

'억, 억'
소리나는 부패,
불법행위의 힘겨운
삶을 살아가는 국민은
더 크게 분노한다.

말로만 민생정부, 민생국회

'서민은 따뜻하게 중산층은 두텁게!'

이것이 이명박 대통령이 중도실용론을 강조하며 내걸었던 정권 초기의 캐치프레이즈다. 그런데 그의 집권 4년이 지난 요즘, 서민들은 얼마나 따뜻해지고 중산층은 얼마나 두터워졌나? 지금 국민이 느끼는 체감온도는 어느 정도일까?

2011년 12월 15일, 통계청이 지금의 위기상황을 말해주는 조사결과를 발표했다. 통계에 따르면 '스스로 중산층'이라고 생각하는 가구주는 52.8퍼센트로, 이는 1998년 관련 통계를 만들기 시작한 이후 가장 낮은 수치였다. 반면 '스스로가 하층'이라고 응답한 비율이 무려 45.3퍼센트였다. 분명 소득은 늘었는데 중산층 체감도는 낮아진 것이다.

이는 우리 사회에 산재된 불안과 무관하지 않다. 더 심각한 것은 이 불안이 좌절로 이어지고 있는 현실이다. 이 조사에서 '나의 사회·경제적 지위가 높아질 가능이 크다'라고 답한 사람은 10중 3명에 불과했다. 자녀 세대의 계층 상향 가능에 대해서도 '가능성이 적다'는 답이 42.9퍼센트에 달했다.

옥스퍼드 사전은 2011년 올해의 단어로 '쪼그라든 중산층'을 선택했다. 이는 경제위기의 직격탄을 맞은 중산층의 붕괴를 상징하며, 위의 통계 역시 우리 사회의 '쪼그라든 중산층'을 여실히 보여주고 있다.

나아가 영국 BBC 방송에서도 '부유해진 한국이 하루 자살자 40명의 불행한 나라가 되다'라는 보도를 내보낸 바 있다. 우리나라의 자살률은 OECD 평균보다 2.5배나 높은 수준이다. 불안을 넘어 좌절의 낭떠러지에 선 이들이 하나둘 자살을 선택하고 있는 상황이다.

고물가, 전세대란, 고용불안, 미친 등록금, 가계빚 이자 56조 원…. 국민 총소득의 5%가 빚의 이자로 나가고, 가계 빚(대출) 총액이 지난 9월 말 840조에서 곧 900조를 돌파할 것이라고 예상되는 나라 …. 실로 희망이 보이지 않는 것 같다. 그렇다면 이 위기와 파국의 카운트다운 앞에서 과연 누군가 대책을 세우고 있는가?

분명한 건 물가상승률을 4퍼센트에 묶어놓으려고 물가 조사 대상 품목에서 상승률이 높은 '금값'을 제외하는 꼼수가 민생현안 대책은 아니라는 점이다. 정부와 국회는 진정성을 가지고 최선을 다해야 한다. 서민 체감물가와 동떨어진 통계로 국민을 속이려 들어서는 안 된다. 이제 눈 가리고 아웅 하는 얕은 수에 속을 국민도 없다.

국민 99%의 삶은 고달프다. 정치인, 고위공직자, 억만장자들의 '억억' 소리 나는 불법행위에 힘겨운 삶을 살아가는 국민은 더 크게 분노한다. 그 분노의 바탕에는 서글픔이 깔려 있고, 이대로 가면 그 서글픔은 분노로 발전해 임계점에 이르게 될 것이다.

물어보겠다. 국회의원들 중에 등록금, 전세대란, 비정규직 등 민생현안을 위한 대책반을 구성해 정부, 이해관계자들의 의견을 밤새워 청취해 대책을 마련한 사례가 한 번이라도 있었나?

민생의 현장이라면 어디든 가서 실상을 확인하고 자료를 수집

해야 하는 것이 국회의원의 의무이다. 반드시 국회에 그 수집된 자료를 가져가 그것을 바탕으로 토론하고, 청문회, 국정조사를 실행해 해결책을 만들어야 한다. 현장에만 머문다면 국회가 존재할 이유가 없다.

2012년이 열렸다. 앞으로 국회는 치열한 경쟁, 소득 양극화, 노후 대책, 질병 등 사회안전망에 대한 실효 대책을 세워 맥없이 자기 목숨을 놓아버리는 이들이 더는 없도록 해야 한다.

서민보다 제 밥그릇 챙기기 바쁜 국회의원

국회의원들이 2011년부터 가족 수당과 자녀학비 수당을 지급받은 사실이 알려지면서 커다란 논란이 일었다. 국회사무처 관계자는 "국회의원 수당 등의 지급에 대해서는 공무원 수당을 준용하도록 돼 있는데 수당 명칭이 정확하게 써있지 않아서 그동안 국회의원에게 지급하지 못했다"며 "장관이나 차관, 정무직 공무원은 전부 다 받고 있어 형평성을 유지하는 차원에서 규정을 개정했다"고 밝혔다.

나 역시 국회의원으로 일할 때 다양한 수당들을 챙겨간 적이 있다. 돌이켜 살펴보니 민망하기 그지없다. 게다가 새로운 수당 개정에 의하면 '배우자에게 4만 원, 20세 이하 자녀에게 2만 원, 중

그래서,

대한민국 국회의원은
부자다.
그런데 가족 수당까지
챙겨간다.

학생에게 6만 원, 고등학생에게 연간 44만 원'을 가족부양 수당으로 제공한다고 한다. 국회의원도 공무원이니 형평성 차원에서 지급한다는데, 사실상 여기에는 어폐가 있다.

국회의원은 누구인가? 이들은 보통 공무원이 아니고 국민 대표자 회의에서 선출되어 파견 나간 사람이다.

따라서 국회의원의 급여는 봉급이라 하지 않고 '세입'이라고 한다. 세입은 1년간 모아서 실비를 준다는 뜻인데, 국민을 대표해 일한다고는 해도 공짜로 시키면 미안하니 최소한의 세비로 급여를 대신하겠다는 것이다.

그런데 이번 가족수당은 법이 허용했다 쳐도 그 입법권은 국회가 가지고 있다. 즉 국회의원 본연의 임무를 진행하는 것인 만큼 스스로 거절할 수 있다. 그런데 국회의원들이 자청해서 자신들도 공무원이니 가족수당을 가져가겠다고 손을 내민 것과 다름 없다. 그야말로 염치없는 일이다.

국회의원은 말 그대로 세금 덩어리다. 일인당 월 천만 원이 넘는 세비가 나가고, 7명의 비서 보좌관을 둔다. 여기에 의원회관 무료, 통신비 무료, 철도 무료, 일 년에 두세 번 해외여행 시 일등석

2장 여의도식 밀실정치를 격파하라

비행기 표를 제공하는 등 국회의원에게 드는 직접 비용만 해도 연간 8억 원이다. 뿐만 아니다. 국회의원 299명을 지원하기 위한 국회사무처가 있고 입법 조사국이 있는데, 여기에 들어가는 돈도 어마어마하다. 적어도 10~13억 원 정도다.

이는 선진국인 영국, 프랑스, 독일 등에 비할 때 배의 금액이다. 이만큼이나 대한민국 국회의원은 부자다. 그런데 그 얼마 되지 않는 가족수당까지 빼먹는 소행은 괘씸하기 그지없다. 정치자금법도 마찬가지다. '국회의원은 뇌물은 받아도 처벌을 받지 않는다'는 법을 만들려는 것 아닌가.

나라가 잘 되려면 국회의원 스스로 자기의 기득권을 내려놓아야 하는데, 그게 잘 될 리가 없다. 헌법상 제1기관인 국민이 나서서 이런 국회를 용납해서는 안 된다.

2012년 1월 11일 채널A〈박종진의 시사토크 쾌도난마〉에 출연.

앞으로 국회의원 299명을 200명으로 줄이고, 밀실에서 실력자들이 결정되는 공천 제도를 갈아엎어야 한다. 유권자들을 두려워하게 되면 국회도 태연히 이런 일을 저지르지 못하게 된다. 한 사람 한 사람 모두가 대통령, 총리감이 될 수 있을 정도로 전문지식과 애국심을 갖춘 국회의원을 국민들이 만들어낸다.

아마 내가 국회의원이었더라도 내 힘으로는 어쩔 수 없었을 것이다. 국회의원들에게 "100명을 줄여라" 말한들 줄이겠는가? 그들 스스로는 절대 못한다.

또 하나, 정당보조금이라는 것도 문제다. 매년 610억 원이 국회 소속 정당에게 지급되는데, 선거 때는 그 배가 나간다.

정당들이 당권 경쟁을 그토록 치열하게 하는 이유도 이 국고보조금과 공천권 때문이다.

국민들도 이 사실을 알아야 한다. 국민이 조직화해서 선거법, 정당법, 정치자금법 개정안을 만들어야 한다.

해도 해도 너무하다고 정치 자체를 외면하는 대신, 더 큰 관심으로 이들이 바른길을 가도록 이제는 국민들이 이끌어야 한다.

그래서

;

부패에도 소급이
가능하다면 한나라
당의 역사, 우리 정치
역사의 끔찍한 돈
봉투 역사를 되짚어
봐야 하는 순간이다.

곪아터진 돈 봉투, 추악한 국민 사기극

한나라당 고승덕 의원이 2008년 7월, 18대 국회에서 치러진 한나라당 전당대회에서 전직 대표 중 한 명이 돈 봉투를 돌렸다고 밝혀 커다란 파문이 일고 있다.

전당대회 2~3일전에 의원실로 현금 300만 원이 든 돈 봉투가 전달됐고, 봉투 안에 '박희태'라고 적힌 명함이 들어 있었다는 것이다. 이를 전달받은 여직원이 전당대회 다음날인 7월 4일에 전해주자, 고 의원은 즉시 보좌관을 여의도 당사 6층 당 대표실로 보내 돈 봉투를 되돌려줬다고 한다.

공직자 부정부패는 일종의 '기시감'을 느끼게 한다. 늘 벌어졌던 일이니 웬만큼 크게 터지지 않으면 콧방귀나 뀌고 '역시나 그렇지' 생각하는 데 그쳐버린다.

2장 여의도식 밀실정치를 격파하라

그러나 돈으로 당 대표, 대통령과 국회의원 후보를 결정해온 지금까지의 행태는 국가 반역죄 차원에서 처벌해야 할 대단한 일에 속한다. 지금껏 관행적 악습이라고 묵인해온 결과, 우리 정치는 어떤 꼴이 되었는가?

국제투명성기구가 공직자와 정치인의 부패지수를 조사한 결과, 한국의 부패지수는 43위로 발표되었다. 작년보다 4등급이나 하락한 상황이다. G20 개최국, 무역 12위국의 위상에 어울리지 않는 부끄러운 기록이 아닐 수 없다.

부패는 조세 정의와 자원 배분의 왜곡, 양극화 심화 등 사회불안 요인이 된다. 부패가 만연한 나라에서 사실상 그 최대의 피해자는 국민이라는 점에서 부패가 만연한 사회에서는 국민의 평안을 기대하기 어렵다.

나아가 한나라당의 돈 봉투 전당대회는 어제오늘 일이 아니다. 97년 한나라당의 전신인 신한국당 때 있었던 대통령 후보 경선에서도 대의원 줄 세우기, 금품 살포 등 최악의 전당대회가 열렸다는 것을 기억하는가? 당시 지구당 위원장이 지명한 13,500명 대의원 쟁탈전은 추악한 국민 사기극에 다름 아니었다.

실로 고승덕의 돈 봉투 파동은 곪고 곪은 고름 주머니에 가느다란 바늘 하나 살짝 댔는데 폭포수처럼 고름이 쏟아져 나오는 형국이다. 즉 부패에도 소급이 가능하다면 이번 사건은 한나라당의 역사, 신한국당의 역사, 나아가 우리 정치 역사의 끔찍한 돈 봉투 역사를 되짚어봐야 할 상황이다. 또한 반성 없이 돈 봉투 역사를 되풀이하는 정치권을 바라보는 국민의 속은 얼마나 터지겠는가.

악성고질병은 비상한 결의 없이는 고칠 수 없다. 누군가 순교자가 될 각오로 칼을 잡아야 하지만, 내부고발마저도 힘겨운 이 시대에 누가 그 역할을 할 수 있을지는 미지수다. 앞으로 돈 봉투의 역사가 얼마나 그 명맥을 유지할 수 있을까?

세상이 바뀌고 정치가 바뀐다 하는데 그 정치를 유지하는 사람들의 사고는 쉽게 변하지 않는다. 그렇다면 그것을 해야 하는 것은 유권자, 다시 말해 이 사건을 보면서 혀를 차는 이들이다.

정권교체의 허망함, 정권이 바뀌어도 변하지 않는 부패 현상을 냉소가 아닌 일종의 중요한 과정으로 바라보자. 더 눈을 크게 뜨고 감시하고 명령하는 국민의 입장을 더 깊이 마음에 새겨 넣어야 할 때다.

고 의원은 4일 연합뉴스와의 통화에서 "전당대회를 앞두고 후보 중 한 명으로부터 300만원이 든 봉투가 온 적이 있어서 곧 돌려줬다"며 "결국 그분이 당선됐는데 그분과 돈 봉투를 전한 분이 같은 친이(친이명박)계에다 자신을 지지한 저를 대하는 태도가 너무 싸늘했다"고 털어놓았다.

이어 "6개월 뒤 동료 의원들로부터 '돈봉투를 돌려주면서 지지 의사를 확실히 밝혔어야 했다' 는 설명을 듣고서야 문제의 원인을 깨달았다"면서 "그분과 돈을 전달했던 두 분은 지금도 저를 음해하고 있다고 한다"고 전했다.

도덕적으로 추악한 정권, 그리고 이상득

"내 임기 중에는 친인척, 측근비리 없다.", "도덕적으로 완벽한 정부", "나는 권력을 휘두른 적이 없기 때문에 레임덕은 없다……."

모두 이명박 대통령의 말이다. 그런데 최근 하루가 멀다 하고 대통령 측근 비리가 터지고 이명박 대통령은 역대 대통령 중 가장 빨리 레임덕을 기록하게 생겼다.

2011년 12월 12일에는 대통령의 형인 이상득 의원이 최측근 보좌관의 거액 금품수수 비리가 드러나자 불출마 선언을 했다. 이후 이명박 대통령의 처사촌인 김재홍 씨도 제일저축은행 구명로비 의혹으로 구속됐다. 또한 청와대와 검찰에 따르면, 제일저축은행

그래서 ;

'만사형통'
만사가 '형님'으로
통하는 세상,
결국 '형무소'로
통하다.

유동천 회장이 대통령의 손위 동서 황태섭 씨를 고문으로 위촉해 수억 원을 지급했다고 한다.

대통령의 친인척이 구속된 사건은 이미 정권 초에도 한 차례 벌어졌다. 대통령 부인 김윤옥 여사의 사촌언니가 공천을 미끼로 거액을 챙겼다가 구속된 것이다. 4대강 사업에도 친인척 비리가 잇따랐다.

실로 지금껏 이명박 대통령 주변에서 친인척이나 측근비리로 구속됐거나 형이 선고된 경우가 어림잡아 10여 명은 너끈히 넘는다. 강경호 전 서울메트로사장, 추부길 전 정무수석실 비서관, 천신일 세중나모 회장, 배건기 전 민정수석실 감찰 팀장, 장수만 전 방위사업청장, 은진수 전 감사원 감사위원 등 줄줄이다. 거의가 이 대통령으로부터 '일 잘하는 사람'이라는 평가를 받은 사람들이나.

" 내 임기 중에 친인척, 측근 비리는 없다"던 대통령의 장담과는 참으로 대조적인 친인척 비리 리스트다보니, 오죽하면 사람들이 '도덕적으로 완벽한 정권'을 '도둑적'이라 바꿔 비웃을까.

특히, 이상득 의원 보좌관이 SLS로부터 7억 원, 제일저축은행으로부터 1억5천만 원의 뇌물을 수수한 것이 발각된 사건은 '만사형통'의 실체를 고스란히 드러내 보이고 있다. 만사가 '형님'으로 통했는데, 결국 '형무소'로 통한 것이다. 게다가 박배수 보좌관은 뇌물을 갖다 바친 사람들에게 이렇게 말했다고 한다.

"이상득 의원은 경제 대통령이다."

국민이 경제 대통령이라고 뽑은 건 MB인데, 대체 이건 무슨 의미인가. 동생이 대통령하는 동안 한몫 단단히 챙겨 가계부에 꼼꼼히도 적어두었나 보다. 검찰은 이 사건의 진상을 한 점 의혹 없이 파헤치는 데 사력을 다해야 할 것이다.

한 나라의 공직 기강은 그 대통령 주변 사람들의 청렴에 달려 있다고 해도 과언이 아니다. 그런데 연이은 이명박 대통령 친인척 비리는 이들이 얼마나 삐뚤어진 생각으로 직무를 수행하고 있는지를 보여준다. '정권'은 전리품이 아니다. 대통령 임기 말에 측근비리가 반복되고 있는 것은 이들이 정권을 '전리품'으로 착각하고 있기 때문이다. 노태우 정권의 실세이자 황태자로 불렸던 한 인사는 훗날 이렇게 말했다.

"권력의 양지에 있을 때는 단 맛을 오래 누릴 것 같은 착각에 빠졌다. 지내고 보니 짧고 허망하다."

 MB정권의 실세·권력자들, 짧고 허망한 세월이었다고 후회하지 않으려면 지금부터 쇄신하고 반성해야 할 것이다.

그래서 ,

여당 쇄신 야단법석,
언 발에 오줌 누기!
늘 하던 소리 해봤자
감동은 제로

말로만 하는 쇄신도 쇄신인가!

얼마 전 국회의원 강용석이 TV 개그프로그램에서 정치 풍자를 한 개그맨 최효종 씨를 고소해 조롱거리가 됐다. 나도 최효종 식으로 여당 쇄신에 대한 개그 하나 해본다.

"여당이 쇄신 때문에 시끄러워요. 쇄신이요? 그거 별로 어렵지 않아요. 당대표가 그 좋은 자리 왜 내놓겠어요? 그냥 눌러앉아 자기 입맛대로 하는 거예요. 싫은 사람이 나가는 거지요. 국민은 걱정 마세요. 원래 관심 없어요!"

한나라당이 떠들썩하게 쇄신을 외치고 있다. 그간 계파 싸움에 당권 투쟁이나 일삼고 장관 한 번 되겠다고 대통령에게 온갖 아양 떨어놓고는, 이제 와서 쇄신하겠다고 큰소리다.

그간 한나라당의 궁정 정치는 그야말로 우스울 정도였다. 친이,

친박, 친이상득, 친이재오, MB직계 등으로 갈라져 살길 찾아 싸움질 해대는 꼴이, 4색 당쟁의 부활을 보는 듯했다.

저들은 계파 투쟁이 헌법의 정당민주화와 국회의 자율권보장조항(8, 46조)을 침해하는 위헌 행위임을 알고 있을까?

쇄신하기 전에 국민 앞에 석고대죄부터 할 일이다.

사실 진심으로 쇄신을 결심했다면 차기 공천 따기 쉬운 길 없나, 아니면 정말로 쇄신에 앞장서느냐 고민할 필요가 없다. 지나고 보면 의원 한두 번 더 하는 것, 참으로 부질없는 짓이다. 쇄신은 기득권 잃을 각오로 시작해야 한다. 기득권을 스스로 버려야 한다.

견위수명(見危授命).

위기를 만났다면 목숨을 던지라는 말도 있지 않은가. 바로 이런 각오가 있어야 쇄신인데, 지금 한나라당은 당 위기 극복하겠다면서 계파 밥그릇 투쟁을 벌이고 있다. 전당대회 열어 사람 바꾸면 그게 쇄신인가?

맹자가 말하길 "소인배는 자리를 얻으려 안달하여 무슨 짓이라도 저지르고, 일단 얻으면 잃을까 두려워 미친 듯이 날뛴다"고 했다. 한나라 당권 도전자들이 '계파' 타파를 주장하면서 '박심'에 러브콜을 하며 줄서기를 하는 것을 보면 참으로 우스울 지경이다. 계파는 선거 줄서기 공천으로 생겨나는 것이다. 줄서기를 없애고 국민에 의한 상향식공천(헌법 8조)으로 전환해야 계파 극복도 가능한데 이들은 거꾸로 가고 있다.

실세 눈치 보느라 할 말 못하는 국회의원만 득실대니 국민 눈밖에 난 한나라당, 국민 마음 다시 얻겠다고 시작한 쇄신에서 앞에 선 놈 뒤에 놈으로 바꾸고, TV 나와서 입만 뻥긋한다. 국민을 무시하지 말라. 이 나라가 한나라당의 나라라는 착각을 버려라. 진정 쇄신을 결심했다면 환골탈태, 뼈와 살을 도려내어 바꾸라.

그래서,

디도스 공격은 선거
조차도 좌지우지
하겠다는 정치권의
오만이 대의민주주의에
폭탄을 던진
'법치 테러'다.

국회의원 비서관의 디도스 공격이 개별범죄?

사이버 시대 최악의 선거 방해죄가 일어났다. 10.26 재보궐선거에서 최구식 한나라당 국회의원 수행비서관 공현민이 무려 200여 대나 되는 좀비 PC를 동원해 막강한 트래픽을 흘려보내 중앙선관위 홈페이지를 두 시간 동안 먹통을 만들었다.

2012년 2월 8일 MBN 〈뉴스 M : 디도스 돈봉투 안하나 못하나〉 출연.

이른바 그 유명한 디도스 공격이다. 같은 시간, 박원순 서울시장 보궐선거후보의 홈페이지인 원순닷컴 역시 마비되었는데, 이 역시 공현민의 지시로 이루어진 일임이 밝혀졌다.

국회의원 비서가 해커 노릇을 했다. 그것도 민주주의의 꽃이라 불리는 선거의 상징 중앙선거위원회의 사이트를 마비시켜 아연케 하고, 서울시장 경쟁자였던 박원순 시장 후보의 사이트에도 훼방을 놓아 공정선거법에 반하는 방해를 놓았다.
이는 민주주의의 근본을 흔드는 중대 범죄인 동시에 '국회가 불법을 저질렀다'는 씻을 수 없는 오명을 안겨주는 사건이었다. 경찰은 12월 9일 이번 디도스 공격은 공현민 단독 범행이라고 발표했지만, 이 발표를 곧이곧대로 믿는 사람은 거의 없는 듯하다.

그렇다면 어째서 단독 범행이라는 말이 신빙성 없다는 여론이 흘러나오고 있는가? 공현민은 정당 정치의 중심인 국회에서 일하는 일원이다. 나아가 그가 보좌했던 최구식 의원은 한나라당 홍보기획본부장을 맡은 고위직 인사 출신으로서, 당시 10월26일 선거에서 박원순 서울시장 후보의 경쟁자인 나경원 후보 홍보본부장을 맡고 있었다.

　최구식 의원은 만일 자신이 연루된 사실이 드러나면 의원직을 사퇴하겠다고 선언한 바 있지만, 선거운동본부에서 일하는 국회의원이 비서가 선거와 관련해 무슨 일을 했는지 모른다는 건 상식적으로 이해가 가지 않는다.

　또한 재보선 전날 공현민과 박희태 국회의장의 당시 비서가 술자리를 가진 사실이 밝혀졌다. 그 둘이 술자리에서 무슨 말을 주고받았는지는 하늘만 알겠지만, 현재 조직적인 계획 정황이 하나둘 밝혀진 상황에서 이번 디도스 수사는 보다 세밀하게 이뤄져야 할 필요가 있다.

　이번 사건으로 한나라당은 또 다시 쇄신의 폭풍으로 휘말려들었다. 이 사건으로 지도부가 사퇴하는 등 환골탈태의 인상은 심어주었으나, 지난 몇 년간 한나라당이 보여준 껍데기뿐인 쇄신을 보아온 국민들에게 지도부 사퇴라는 카드가 얼마나 크게 와 닿을지는 미지수다. 국민들의 요구는 한 가지다. 이번 디도스 공격은 선거조차도 자신의 뜻대로 좌지우지 하겠다는 정치권의 오만을 상징적으로 보여주는 동시에 대의민주주의의 중심에 폭탄을 던진 그야말로 '법치에 대한 테러'다. 나아가 단독범행이라고 밝혀진 수사 결과는 잠재적인 정치적 역학관계를 무시한 겉핥기 수사에 불과하다.

국회의사당을 드나들며 직무를 수행하는 이가 그저 감정적인 처사로 중앙선관위를 폭파했다는 것은 이 사안의 심각함을 고려하지 않은 사건 축소를 위한 레파토릭이라는 인상이 짙다. 앞으로 철저한 수사를 통해 그 배후와 원인을 밝혀, 선거법 권위에 공공연히 도전하는 정치권 일부 세력의 오만함을 철저히 응징하는 선례를 세워야 할 것이다.

저축은행 사태보다 당리당락이 먼저?

작년 초 부산저축은행 등 여러 상호저축은행이 집단으로 영업 정지를 선고받은 저축은행 사태의 파급력은 그야말로 엄청났다. 사건이 터진 뒤 대주주 비리, VIP 고객 사전인출 등의 불법 행위가 확인되었고, 여기에 금융위원회, 금감원, 국무총리실 등 고위 공직자들이 연루되었다는 사실까지 밝혀지면서 국민들도 경악을 금치 못했다.

저축은행 비리 사건을 수사해온 대검 중수부(대검찰청 중앙수사부)는 작년 11월, 약 8개월 동안 부산저축은행그룹을 종합 수사한 결과 9조 원에 달하는 금융 비리를 저지른 혐의 등으로 부산저축은행그룹 전·현직 임원과 정관계 인사 42명을 구속기소하는 등 총 76명을 기소했다. 이중에는 부산저축은행그룹의 구명 로비

그래서 ;

저축은행 사건은
누구의 책임인가?
100퍼센트
국가 책임이다.

에 가담한 청와대, 감사원, 금융위원회, 금융감독원 등의 고위인사 5명도 포함되어 있다.

실로 저축은행 사태는 대검 중수부가 '각종 비리의 종합판'으로 규정하고 역대 최대 규모의 금융비리수사라고 의미를 부여할 정도로 심각한 사태다. 그런데 이 사태가 보여주는 본질은 아주 단순하다.

"탐욕스러운 세력들이 우리 예금을 도둑질하는 동안 국가가 망을 봐준 것이다."

게다가 피해자들은 휴일도 명절도 상관없이 농성하며 절규하고 있는데 대통령과 정부, 국회의원들의 태도는 참으로 미덥지 못했다. 대통령은 금감원의 불법 행위만 나무라고 뚜렷한 책임을 회피했다. 피해자들의 통곡은 아랑곳 않고 청와대와 야당은 퍼붓기 싸움만 벌였고, 적반하장으로 부산저축은행 임직원 74명이 금감위를 상대로 영업정지명령 취소청구소송을 제기하기도 했다.

지난 추석, 민족의 대 명절을 앞두고도 피해자들은 즐거울 수 없었다. 명절이 코앞인데 피해배상은 한 푼도 못 받고, 농성 중 사망자까지 생겼다. 사정이 이러할진대 국회는 국정조사특위를 구성하고도 여야 당파싸움에 조사를 중단했다. 희망을 걸었던 국정조사는 정관계 로비 의혹의 당사자로 여야 고위인사들 몇몇 지목하고는 흐지부지 성과도 없었다. 더 가관인 것은, 민생을 외면하고 서울시장보선에만 사활을 건 국회의원들의 행태다.

영세 예금자 비중이 높은 저축은행 고객들 중에는 특히 연로하신 분들이 많다. 지금 이들은 한평생 노력해 모은 재산을 빼앗기고도 왜 이런 사단이 났는지 몰라 답답해하고 있다. 이번 사태는 서민들의 예금 수조 원을 불법으로 빼돌린 부정부패 사건임이 분명한데도 금융위, 금감원, 국무총리실 등 여러 고위공직자가 연루된 탓에 수사가 매끄럽게 진행되지 않고 있다.

대통령과 정부, 국회는 누굴 위해 존재하는가? 또한 무엇을 위해 존재하는가? 피해자들의 피눈물 흘리는 원성이 들리는 듯하다. 당신들은 진정 저 울음소리가 들리지 않는가.

저축은행 사태는 건국 이래 최악의 반국민적 부패사건임을 분명히 해야 한다. 이 사건은 영세 예금자가 동전 한 푼 아껴가며 모은 피땀 어린 수조 원을 관·민이 합작해 빼돌린 사건이다. 절대다수인 영세민의 생계 자금을 한 줌도 안 되는 대주주들이 들개

떼처럼 달려들어 말아먹고, 이를 금감원 전·현직 간부들이 비호·방조했다.

갈 곳도 마음 붙일 데도 없는 피해자들에게 그 예금은 유일한 끈, 희망이었을 것이다. 결국 저들은 이 많은 사람들의 삶을 망쳐 버렸다. 특히 대통령은 일이 터진 직후 금감원에 엄중한 책임을 묻고 피해자 구제에 나섰어야 했다. 금감원의 비호, 방조 아래 강탈 행위가 지속됐으니 국가가 당연히 피해 배상을 해야 한다.

국가는 국민의 생명, 재산을 보호할 책임이 있다. 또한 이를 게을리 한 경우 배상의 책임 또한 가진다. 저축은행 사태의 경우, 국가가 먼저 배상하고 대주주들과 공범인 공직자에게 피해액 전액을 물게 하는 것이 상식이다. 정부가 서릿발 같은 조치를 취해야 함에도, 대통령은 엄정수사만 되뇔 뿐 구체적인 피해 대책에는 모르쇠로 일관하고 있다.

고종 31년(1894년)에 일어난 동학혁명을 기억하라. 전라도 고부의 농민봉기에서 시작되어 전국으로 번진 이 혁명에서, 백성들은 신분제도를 없애고 세금 제도를 개선할 것을 요구했다. 전형적인 탐관오리였던 고부 군수 조병관이 갖가지 명목으로 수탈을 자행하고, 불효·불목·음행·잡기 등 갖가지 죄명을 씌워 부민의 재물을 강제로 빼앗았던 것이다.

심지어 그는 자기 아버지의 공덕비를 세우겠다고 강제로 돈을 걷고, 대동미를 쌀 대신 돈으로 거둔 뒤 질 나쁜 쌀을 사서 상납하고 그 차액을 착복했다. 결국 동학혁명은 고부 군수 조병관의 착취와 횡포에 고통 받던 농민들이 일으킨 민란이 들불 번지듯 전국으로 퍼져 일어난 것이다. 즉, 동학혁명의 도화선은 탐관오리의 가렴주구였다.

백성의 재물을 등골이 휘도록 빼앗으니 백성이 궐기하고 혁명이 일어날 수밖에. 정부와 정치인은 이 역사의 교훈을 아프게 새기고, 저축은행 사태 수사와 해결에 전력을 다해야 할 것이다.

태안의 비극은 계속되고 있다

많은 이들이 태안의 비극을 잊었다. 그리고 태안 기름 유출 사고가 벌어진 지 딱 4년 되는 2011년 12월 7일, 서해안 기름 유출 피해 주민 1천여 명이 삼성중공업 앞에 모여 대규모 집회를 열었다. 기름 유출 피해에 대한 보상이 4년째 지지부진하면서 당장 생계 절벽에 매달린 주민들이 삼성중공업에 직접적인 화살을 돌리기 시작한 것이다.

심지어 피해를 입고도 단 10원도 보상 받지 못한 피해주민도 적지 않은 게 지금 현실이다. 땅을 팔고 나가려고 해도 사는 사람이 없고, 해안 기름띠는 걷혔지만 철거된 굴 양식시설이 복구되지 않아 생업이 끊긴 것이다.

그렇다면 지난 4년간 정부와 삼성은 무엇을 했는가? 잘 알려져

그래서 ,

오바마는 멕시코 만 유출 책임자 BP회장으로부터 최소 200억불 배상을 받아냈다.
한국 대통령은 감감 무소식이다.

있다시피, 미국도 2010년에 우리와 비슷한 멕시코 만 기름 유출 사태를 겪었다. 하지만 해결 기조와 진척은 전혀 달랐다.

당시 오바마 대통령은 멕시코 만 기름 유출의 원인을 제공한 시추사 'BP'의 회장을 백악관으로 불러 4시간 동안 담판을 벌였다. 그리고 1억 달러 정도로 사태를 해결할 생각으로 찾아온 BP 회장에게 최소 200억 달러의 배상기금을 내도록 설득했다. 그런데 우리는 어떤가?

지난 2007년 12월 7일, 대통령 선거일을 열흘 가량 앞두고 충남 태안군 연안에서 기름 유출 사태가 벌어졌다. 유조선 '허베이스 피리트 호'에 삼성중공업의 기중기 선단이 충돌해 벌어진 사고였다. 순식간의 일이었지만 엄청난 기름이 바다로 유출되면서 무려 11만 명의 피해자와 3조7천억 원의 피해액이 발생했다.

그로부터 3년 여 세월이 흘러 태안참사 3주기 보고대회에 참석했다. 그때도 역시 피해배상은 한 푼도 이뤄지지 않고 있었을 뿐더러, 피해 어민의 자살 소식만 분분했다. 2010년 2월 '全피해어민대책위원장'인 성정대 씨가 네 번째로 자살을 한 것이다.

그리고 2011년 1월에는 자살한 피해자들의 유족들이 국가와 삼성중공업 등을 상대로 위자료 청구소송을 냈으나 인지세를 마련하지 못해 소장이 각하되는 일까지 벌어졌다. 위자료 20억 원을 제기한 소송에서 소송을 제기할 때 납부해야 하는 730여 만 원의 인지대를 마련하지 못해 재판을 시작하지도 못한 것이다.

사태가 이 지경이 될 때까지 정부와 국회는 무엇을 하고 있었나? 아니, 사태 직후인 2008년 1월 국회를 통과한 '태안지원특별법'은 피해 어민을 위한다기보다는 기만했다는 표현이 더 맞을 것이다.

실질적으로 보상이 잘 이뤄질 수 없는 법을 만들어 놓고, 태안지원특별법이라는 그럴싸한 이름으로 명패만 달아놓은 것이다. 실로 이 법은 당초의 약속과 달리 피해배상을 위한 핵심내용을 대부분 기록하지 않아 피해배상액 산정과 절차, 시기를 지연시켜 사태를 악화시켰고, 이것이 법원 판결에서도 혼란을 야기했다.

상세히 살펴보자면, 당초 여야의원 253명이 발의한 특별법 원안에는 가해자에게 국제기금 배상한도액을 초과하는 배상금과 환경복구비용을 부담하게 하는 핵심내용을 담았고, 이를 위해 완전한 손해배상의 범위와 신속한 배상책임의 원칙, 정부의 피해자손해액 증거조사, 배상청구권 행사에 필요한 자금지원, 피해지역에 대한 각종지원사항을 명시했다. 그런데, 이런 원안이 수정되면서 정부의 견해와 주장을 담은 대안이 통과되고 말았다. 이런 과정을 거친 특별법은 다음과 같은 문제를 안고 있었다.

첫째, 삼성중공업의 해상크레인바지선단이 유조선을 '선박파괴' 한 것이 명백하고, 검찰도 관련자들을 같은 취지로 기소했음에도 특별법은 '선박충돌'이란 용어를 사용하고 있다. 이는 주가해자인 삼성중공업의 손해배상책임이 커지는 것을 막아, 사고경위를 왜곡시킬 소지가 있다.

둘째, 대책위원회구성 원안은 위원의 절반을 피해자단체가 추천하거나, 전문성 있는 민간인을 선정토록 했으나, 통과된 법안은 '중앙행정기관의상 또는 관계기관 단체 의장만을 위원에 임명, 위촉' 할 수 있도록 수정하였다. 피해어민 등의 의견반영 통로를 원천 봉쇄해 버린 것이다.

셋째, 특별법은 피해어민 등에 대한 정부의 선급금 지급을 사실상 막아버렸다. 피해어민들이 국제기금로부터 손해배상을 지급받는 데는 오랜 시일이 소요되는 실정이므로 정부가 피해자 등에게 미리 일정범위의 금액을 지급할 수 있는 선급금제도를 채택함이 마땅한데도 특별법은 '국제기금'에서 사정한 손해액을 기준으로 선급금을 결정, 지급한다고 규정함으로써(동법 8조2항) 피해어민들을 기망하였다.

지금까지 국제기금 사정이 결론 나지 않음으로써 피해주민에게는 한 푼의 선급금도 지급되지 않았다. 선급금지급은 국제기금의 사정과 관계 없이 우리 정부가 긴급히 집행해야 함에도 방관, 방치하고 있다.

넷째, 기름 유출 사태는 우리의 영토(영해)에서 일어난 것으로서 당연히 우리 국민이 손해배상청구권을 갖고 우리나라의 법 절차에 따라서 법원이 판단해야 하는 것이다. 그런데 특별법은 외국법인인 '국제기금'이 손해액 산정의 전문자격이 없는 해사결정업체에 사정을 의뢰하도록 함으로서 '손해사정주권'을 포기했다.

즉 피해배상 확정판결 전이라도 정부가 미리 선급금을 지불하도록 하는 규정이 있음에도 한국 국회는 손해사정주권을 외국 기관에 넘겨버렸고, 이제는 맨손어업에 종사하는 할머니들조차 배상을 받기 위해 수년 간 자신의 소득을 입증할 수 있는 서류를 제출해야 하는 상황을 초래했다.

다음은 태안주민의 고통을 취재해 외국 기자가 쓴 「LA 타임즈」의 2010년 7월 기사로, 정부와 삼성의 보상이 이루어지지 않은 상황에서 사선을 건너고 있는 태안의 현실이 고스란히 담겨 있다.

한국의 기름 유출 사고 희생자들이 전하는 훈계

2007년의 기름 유출 사고 이후 태안은 기름으로 뒤덮여 있다. 해양 생물들 또한 피해를 입었기 때문에, 주민들은 자신의 삶을 원상복구할 수 있도록 보상을 기다리고 있다. 그중 몇 명은 절망감으로 자살을 선택하기도 했다.

태안발 소식

한때 낚시와 관광의 명소로 붐볐던 태안은 우울한 지금의 정서를 반영하듯, 짙은 안개만이 텅 빈 태안의 바닷가 마을에 자욱하게 덮여 있다. 박규웅 씨는 도움의 손길이 올 것이라는 희망을 버린 주민들을 자살로 몰고, 마을의 삶을 송두리째 앗아간, 막을 수 없었던 힘의 진원지를 가리키며 텅 빈 해안가 길 위에 서 있다. 그는 격앙된 채 바다를 향해 몸을 돌려 말을 잇는다. "바로 저기에요. 2007년 12월 7일, 육지로부터 8마일 밖이었어요."

이 날, 항로를 이탈한 한 바지선이 근해에 계류 중인 유조선을 들이받으면서, 태안은 한국에서 가장 큰 기름 유출 사고의 희생양이 되었다. 이 충돌로 11,000톤의 원유가 바다로 쏟아졌다. 이는 알레스카에서 발생했던 Exxon Valdez 호 원유유출사고의 1/3에 해당하는 양이고, 멕시코만에서 발생한 BP유정(油井) 기름유출사고의 일부분에 불과한 양이긴 하다.

이 기름유출사고는 천혜의 해수욕장에 120마일을 가로질러 타르를 뿌려놓았고 해양국립공원을 오염시켰다. 바다새들은 기름을 뒤집어쓰게 되었고, 현지 어장은 오염되었으며, 굴·전복·미역 등을 기르는 천 여 개의 양식장은 폐허가 되었다. 멕시코만의 해변으로부터 7천 마일이나 먼, 그리고 서울 남서쪽으로부터 90마일 떨어진 이 작은 마을은(태안), 알라바마나 루이지애나 같은 주들을 따라 펼쳐진 해안들의 어민들과 그 밖의 관련자들에게 앞으로 어떤 일이 벌어질 것인지에 대해 가능한 시나리오를 제공한다.

기름유출사고가 난 후 2년 반이 지나 태안은 유령도시가 되었다. 관광산업은 86%가 감소했고 이제야 막 회복세를 보이고 있다. 과학자들이 생태계가 회복되는 데는 적어도 20년이 걸릴 것이라고 예측했듯이, 수 세대에 걸쳐 오랜 기간 발전시켜 온 지역민들의 생계수단이 가로 막히게 된 것이다. 오늘날 이 지역 5천 명의 어민들 중 오직 30%의 사람들만 현업에 복귀했다. 다른 많은 어민들은 아직도 이러한 위기의 기간을 견뎌낼 수 있도록 정부로부터 대출금을 얻기 위해 앞 다투고 있다. BP가 이미 멕시코만을 위해 200조 달러의 배상금 패키지를 약속했지만, 어두운 얼굴을 한 태안 주민들은 진지하게 충고한다. "어떤 것도 당연하게 여기지 마십시오."

태안 주민들의 경우에, 정부와 바지선을 운항했던 삼성중공업에 대한 소송과 항의에도 불구하고, 사면초가에 몰린 이곳의 어민들은 아직도 배상금을 받지 못했다. 기름유출 피해를 받은 4,700명에 달하는 현지 어민의 대표인 박 씨는 "한 푼도 받은 게 없다"고 말한다.

12만 6천 명의 태안 기름 유출사고 피해자들에게 배상금을 지불하는 작업은 국제해양조약들과 한국의 상법에 의거한 복잡한 지불 가이드라인의 수렁에 빠져 있다고 변호사들은 말한다. 수년 동안, 삼성과 홍콩선적 유조선인 허베이 스피리트의 소유주들은 보험회사를 대동하고 그들의 배상 책임에 대해 실랑이를 벌여 왔다. 한국 정부는 옆에 서서 지켜만 보고 있었다. 많은 사람들은 한국 정부가 보상금으로 책정된 28억 달러의 돈을 능률적으로 지불하는 데 실패했다고 말한다. 태안 주민을 대표하는 변호사인 장기욱 씨는 "모든 사람들이 지지부진하게 움직이고 있다"며 "그들은 (사고 책임자들) 시간이 더 많이 지날수록 더 적은 피해 보상금의 요구가 있을 것이라고 예상하고 있다"고 한다.

삼성 관계자들은 보상절차가 시간이 걸리고 있다는 것을 인지하고는 있지만, 법은 준수해야 한다고 주장하고 있다. 삼성의 대변인인 김부경 씨는 "우리는 태안주민들의 좌절감을 이해하지만 누구도 감정을 앞세워 법을 혼란시킬 수 없다. 사법절차는 계속되어야 한다."고 말한다.

삼성은 현지의 생태계 복구를 돕기 위해 8천100만 달러의 '기부금'을 제공했고, 이 금액은 보상금과 혼동되어서는 안 된다고 김 대변인은 말한다. 장 변호사는 이러한 제스처에 대해 도덕적으로 우월한 위치에 서려는 술책에 불과한 것이라고 한다. "이것이 바로 삼성이 말하는 이른바·사회적 책임을 위한 행동이다. 그러나 우리는 그들의 동정을 원치 않는다. 우리는 그들이 초래한 기름유출사고의 희생자들에게 빚진 배상을 원한다."

정부 관계자들은 자신들의 손이 묶여 있다고 말한다. 농림수산부 관계자인 신만철 씨는 주보험자인 국제유류오염보상기금 (International Oil Pollution Insurance Compensation Fund)이 현재 10만 건이 넘는 청구를 분석하고 있다고 말한다. 그는 다음과 같이 말했다. "우리는 조사를 기다릴 필요가 있다. 우리가 진행절차에 속도내기를 싫어하는 게 아니다. 우리는 지금 최선을 다하고 있다."

그러는 동안 태안은 무너지고 있다. 3면이 바다와 접해 있고 32개의 해변과 그 해변들을 향해 뻗어 있는 파릇파릇한 논들이 있는 이곳은 한때 주말 관광객들의 오아시스였다. 지금은 아무도 이곳을 찾지 않는다. 해변에 작은 구멍을 파면 그 구멍은 곧바로 검은 기름 찌꺼기로 채워진다고 지역민들은 말한다. 기름유출사고 후, 정부는 태안의 오염된 해산물이 수도권에 팔리는 것을 규제했고, 그래서 많은 어민들과 식당들은 강제적으로 그들의 생업을 중단해야만 했다. 그때가 바로 이곳 사람들이 목숨을 스스로 끊기 시작했을 무렵이다.

전 피해민대책위원장이었던 성정대 씨를 포함한 태안 주민 4명은 지지부진한 보상절차를 비난하면서 스스로 목숨을 끊었다. 전직 언론인이자 피해민대책위원장 자리를 인계 받은 박 씨는 "그는 술을 많이 마셨습니다. 지난 달에 그는 상황이 가망 없게 돌아간다는 것을 확신했습니다."라고 말했다.

긴장감으로 거주민의 사이도 적대적으로 되었다. 관광업과 요식업 종사자들로 국한되어 지급된 한 보험회사의 보상금이, 결국 어민들과 그 외 사람들을 시기하게 만들었다. 박 씨에 따르면 "이웃들과 예전 친구들이 지금은 적이 되었다"고 한다.

그러나 이곳에서 거의 어떤 사람도 최명화 씨만큼 큰 피해를 입지는 않았다. 20년 동안 최 씨와 그녀의 남편 지창환 씨는 태안에서 해산물 식당을 운영했고, 항상 바다가 제공하는 것들을 믿어왔다고 한다. 그런데 기름유출사고가 터졌다. 사건 다음 날 아침, 이 부부는 한때는 아름다웠으나 기름으로 황폐화된 바다를 지켜볼 수밖에 없었다고 한다. 지 씨는 아내에게 돌아서서 이렇게 말했다. "태안은 끝났어. 우리는 살아남지 못할 거야." 이후, 자살한 한 어민의 장례식장에서 지 씨는 정부에 관한 하나의 루머를 들었다.

그 루머의 내용은 정부가 자살한 피해자의 가족에게 혜택을 준다는 내용이었다. 그날 밤, 지 씨는 아내 최 씨에게 "자신이 일감을 찾아 집을 떠난다면, 내가 혼자서 잘 해나갈 수 있는지" 물었다고 한다. 최 씨는 "나는 남편에게 그가 돈을 벌어올 동안 어떻게든 해낼 것"이라고 대답했다. 며칠 후, 기름유출 사고 피해자들의 집회에서 지 씨는 생각할 수조차 없는 일을 벌였다. 그는 집회의 대표들이 항의의 의미로 삭발식을 거행하고 있는 무대로 가서 자신의 머리에 페인트 신나를 적셨다. 그러고 나서 그의 아내와 수많은 친구들이 공포에 질려 바라보는 동안, 그는 분신사살을 했다. 자살한 희생자의 가족을 위한 정부의 혜택에 대한 루머는 거짓이었다. 지 씨는 헛되이 삶을 마감했다.

"남편은 항상 감정을 숨기는 사람이었고, 나는 남편이, 그가 느낀 비통함을 감당하지 못했을 거라고 생각합니다. 하지만 나는 남편이 우리 마을을 위해, 그리고 보상금 처리과정이

2장 여의도식 밀실정치를 격파하라

> 빨리 진행되게 만들기 위해 자살을 선택했다고 믿으렵니다."
> 최 씨는 눈물을 훔치면서 이렇게 말한다.
> 현재 최 씨를 동정하는 주민들은 가능할 때마다 최 씨의 식당을 후원하고 있다. 점심 손님들이 빠져나간 근래 오후, 이 지친 미망인은 앉아서 미래를 걱정하고 있었다. 그녀는 하루 빨리 회사들이 다툼을 멈추고 주민에게 손실에 해당하는 배상금을 지불해주길 희망한다. 그녀는 이렇게 말했다.
> "사람들은 상황이 나아질 거라고 말합니다. 그리고 나는 그들을 믿고 싶습니다. 그러나 현재, 우리는 여전히 고통받고 있습니다."
>
> - 존 글리오나(John M. Glionna)

지금까지도 주민들은 정부와 삼성중공업을 상대로 지금도 항의 시위 등을 벌이며 실질적 보상을 요구하고 있다. 사고 직후 지역발전기금 1천억 원을 출연하겠다고 발표한 삼성중공업 측은 아직 이를 실행조차 않고 있다. 피해자임에도 불구하고 배상이 계속 지연되면서 태안 주민들은 이중, 삼중의 고통을 받고 있다.

아직도 끝나지 않은 태안의 비극을, 우리는 너무 쉽게 잊어가고 있다. 과연 이 고통스러운 과제를 언제까지 끌고만 갈 것인가? 태안특별법을 제정한 이들이 나서서 대답해보라.

그래서,

친이계 의원들, 제왕적 대통령 권력을 분산하려면 개헌해야 한다고? 지난 3년간 대통령에게 권력 집중시킨 장본인들은 누구인가?

뭐 하러 지금 헌법 개헌?

이재오 의원이 수면 아래로 가라앉은 개헌 논의에 다시 불을 지피고 있다. 트위터를 통해 "18대 국회에서 개헌하겠다는 것은 정치권이 국민에게 한 약속"이라며 총선 전까지 분권형 대통령제로 개헌하는 것에 대해 "정치권의 진지한 검토와 논의를 다시 한 번 촉구한다"는 것이다.

이는 대통령에게 권력이 집중돼 있으니 개헌을 통해 이를 완화할 필요가 있다는 뜻이다. 하지만 상황을 돌아보자. 국가 기본법인 헌법은 아무 때나 리모델링할 수 있는 것이 아니다. 무분별한 개헌 논의는 87년 6월 항쟁의 결과, 민권의 승리로 쟁취된 현행 헌법의 가치를 폄훼하는 행위다.

현행 헌법은 엄격한 3권 분립, 정당의 민주적 운영과 상향식 공천, 국회의원의 자율권 보장, 대통령 헌법수호 책임, 경제민주화와 복지확대, 국민의 행복추구권, 평등권, 환경권, 평화통일지향, 지역이념계층을 초월한 통합 등을 규정하고 있다. 따라서 개헌 필요성을 언급하는 것은 한마디로 '헌법을 제대로 읽어보지 않은 무지함'에서 비롯되었다고 볼 수밖에 없다.

또 하나, 지금이야말로 김영삼, 김대중, 노무현 정부, 그 어느 때보다 대통령에게 권력이 집중되어 있는 상황이다. 그런데 지금껏 군소리 없이 대통령 권력을 강화시키기 위해 날치기 처리하고 한 자리씩 차지하고 있던 자들이 무엇 때문에 다음 대통령부터 권력을 분산하자고 말하는 것인가?

현재 국회의원들은 이명박 대통령의 권력집중 하에 사실상 국회의 행정부 견제 능력을 상실했다. 그런데 이명박 대통령에게 권력을 몰아준 당사자들은 과연 누구인가? 바로 이재오를 비롯한 친이계가 아니었던가?

한나라당은 개헌 논의를 즉각 중단해야 한다. 절박하게 개정해야 할 헌법은 다름 아닌 민생 현안 법들이다. 그걸 놔두고 무엇이 중요하다고 괜한 야단법석인가? 통증을 호소하지 않는 건강한 사람을 수술대에 눕혀 놓고, 돌팔이 의사들이 뇌수술을 하겠다는 꼴이 아닌가?

　대통령 권력 집중현상과 국회에서의 여야 격돌파행 사태가 지속돼 정치적 혼란이 계속되는 것은 헌법이 잘못되어서가 아니라, 현행 헌법을 제대로 지키지 않아서 생기는 사태이다.

　즉, 대통령과 국회의원들이 정치적 혼란을 현행 헌법 탓으로 돌리는 것은 스스로 헌법수호 책임을 스스로 포기하는 것과 다름없다.

그래서,

차기공천 바라고 계파
실세 눈치 살핀 일,
장관 하려고 대통령에게
아양 떨고 시키는 건
다 했던 일부터
석고대죄하라!

근원적 쇄신, 어떻게 이룰 것인가

 2009년 한나라당이 4.29재보선 패배 이후 이른바 정국 쇄신안을 들고 나왔다. 이후 친이, 친박, 친이 내 분파 등으로 미분(微分)하여 혼란을 거듭하는 모습은 조선조 중기 사색당쟁(四色黨爭)의 망령을 보는 듯 했다.

 당시 한나라당은 근원적 쇄신의 방안으로 ①청와대 참모진과 내각개편 ②국회의원선거구와 행정구역개편 ③권력구조개편을 위한 개헌 등을 제시했다. 또한 이 대통령은 한국정치의 고질적 문제는 권력형부정부패구조, 이념과 지역으로 갈라진 민심, 극한적인 정쟁풍토 등이라고 지적하고 대증요법보다는 근원적 처방이 필요하다고 역설한 바 있다.
 하지만 나는 이 사태를 보며 그다지 진정성을 느끼지 못했다. 이들은 정작 무엇을 어떻게 쇄신해야 근원적 처방이 될지는 외면하고 있었기 때문이다. 한나라당의 근원적 쇄신은 다음의 사안들로 이루어져야 한다.

첫째, 위헌적, 반국민적 정치행태를 폭파해야 한다.
오늘날 극한의 정치 혼돈이 계속되는 건 국회의원, 국회, 정당이 헌법이 부여한 책무를 무시하고 위반한 행태가 쌓인 결과이다. 국회의원은 모름지기 '국가이익에 우선하여 양심에 따라 직무를 행한다(헌법 46조)'는 이른바 자율권 보장조항이 능멸된 지 오래다. 국회의원이 당론이란 족쇄에 묶여 정당의 한낱 하수인으로 전락함으로써 '정당 패싸움'의 도구가 되고 만 것이다. 이는 국회의원 후보 공천권이 '당론'을 생산하는 소수기득권 지배자들에게 장악되어 이들의 밀실·야합·돈 공천에 의원직의 운명이 걸려 있기 때문이다.

대한민국 국회의원의 꼭두각시 놀음, 실세 눈치 보기는 그야말로 세계 1위다. 한 예로 미국 2008년 11월 부시 대통령이 7,700억 달러의 금융 구제안을 의회에 제안했을 때의 일이다. 당시 이 제안은 하원에서는 부결이 났고, 상원 가결 후 다시 하원에서 공방

후 재의결해서 간신히 통과됐다. 그런데 놀라운 건 이 과정에서 이 제안을 강력하게 반대함으로써 의결 통과에 진통을 겪게 한 사람들은 민주당이 아니라 부시 대통령 소속의 여당인 공화당 하원의원들이었다. 공천권을 행사하는 지역구 당원과 국민의 의견을 존중해 자율권을 행사한 셈이다. 그렇다면 한국은 어떨까?

2009년 1월 외통위에서 한미 FTA 비준동의안 상정 때의 일이다. 여야가 편싸움하듯 완전히 갈라서서 물리적 폭력까지 동원했다는 것은 누구나 알고 있다. 이 때 한나라당 소속 의원들 중에 '오바마 당선인의 한미 FTA에 대한 부정적 입장을 고려해 비준안 상정을 늦추는 것이 옳다' 는 의견을 표명한 의원이 단 한 명도 없었다. 또한 민주당 소속 의원들은 ' 그 조약은 우리가 집권당일 때 체결한 것이니 오바마가 어떤 입장이든 주권 국가의 체면상 상임위에 비준동의안 상정까지는 가자 ' 는 의견을 가진 의원이 하나도 없었다.

만일 진정으로 여야 의원들이 자율권의 책무에 투철하다면 폭력적 패싸움이 벌어질 이유가 없다. 해마다 늘어나는 국가보조금과 공천권 장악을 위해 당권 싸움에 함몰되고, 실세 지도자들에게

2장 여의도식 밀실정치를 격파하라

줄을 서느라 자율권을 팽개치지 않는다면 말이다.

유령 당원과 국회의원 중심의 패거리들이 중앙당과 지구당을 차지해 '국민의 정치의사를 수렴할 필요한 조직을 갖출 것(헌법8조)'을 요구하는 헌법 조항을 깔아뭉갠 지 오래다. 헌법은 대통령과 국회의원 후보 등을 반민주적 절차로 공천할 경우, 그 정당은 해산토록(헌법 8조) 명시하고 있음에도 국회의원들은 여전히 불법을 저지르고 있다.

"우리는 결사의 각오로 이명박 대통령을 옹위하겠다(친이 안국포럼 출신의원들)"는 등, "우리는 박근혜 의원의 대통령당선을 위해서 어떤 희생도 감당할 것(친박근혜계 의원들)"이다는 등, 이런 소리가 공공연하게 당 내외에 울려 퍼지고 있으니, 의원 자율권은 더 말해 무엇 할까?

놀라운 것은 실로 부끄러워해야 할 일인데도 마치 당당한 전사라도 된 것처럼 상대방 계보원들과 국민을 응시하는 이들의 눈초리다. 그 눈초리야말로 헌법과 국민을 능멸하는 시선임을 깨닫지 못하고 있다.

고질적, 구조적 정쟁의 원인인 부패정당 → 자율권상실 국회의원 → 정당 패싸움터의 악순환의 고리를 반드시 끊어야 한다.

둘째, 국회의원, 국회, 정당이 정상화가 되려면 3권 분립의 한 축으로서의 국회를 복원해야 한다. 국회와 행정부가 우호적인 비판 견제 관계여야 한다는 의미이다. 우리 헌법은 엄격한 3권 분립을 명문으로 제도화하고 있으며, 거듭 말하지만 그 요체는 국회의원의 자율권 보장이다. 이 국회의원 자율권 보장을 위해서는 다음과 같은 쇄신안을 마련해야 한다.

1) 국회의원 후보의 정당 공천을 철저한 상향식으로 전환, 밀실 돈 공천 가중처벌
2) 국회의원 정원을 299에서 200명으로 축소
   -인구비례로 따져 미국, 일본보다 많고, 국민의 감시 기능 강화를 위해서 축소해야 함.
3) 국회의원 전국구비례대표제 폐지
   -현행 비례대표제는 대의정신에 위배되고, 정당부패의 온상이 되고 있음.
4) 국회의원 자율권 강화를 위한 제도적 장치와 자율권 침해 행위에 대한 처벌규정 신설(국회법, 정당법 개정)

2장 여의도식 밀실정치를 격파하라

5) 국회, 국회의원의 예산내역 공개

6) 연중 국회 개원, 감사원 기능 국회 이관, 국정조사와 청문회 활성화, 1회성 국정감사 폐지하고 상시 감사제 채택

7) 국회의원의 장관 겸직 금지

   - 국회의원은 마땅히 입법부 소속원으로서 자율권을 지켜서 행정부를 견제할 책무가 있으므로 장관을 하려면 의원직을 사임해야 한다.

8) 정당에 대한 국고 보조금 폐지

9) 당비, 후원금에 대한 세액공제제도를 소득공제제도로 전환

10) 정당의 법정 당원 요건 강화

11) 대통령후보의 정당 공천은 법정당원과 국민에 의한 경선제 채택

이상과 같은 제도개혁을 위해서는 공직선거법, 국회법, 정당법을 개정해야 하며, 이 개혁이야말로 국회가 입법부로서, 3권 분립의 한 축으로서 재기할 수 있는 최소한의 조치일 것이다.

셋째, 지방자치에 정당 개입을 금지해야 한다. 즉 단체장 및 의원의 정당 공천제를 폐지해야 한다는 의미다. '지방자치단체는 주민의 복리에 관한 사무와 재산을 관리하며 법령의 범위 안에서

조례를 제정할 수 있다(헌법 117조)'는 규정에 따라 주민자치 정신에 입각한 운영이 필요하다.

사실상 진성당원이 없는 정당들이 지방자치에 개입하는 것은 헌법 정신에 위배되는 일이다. 현행 헌법 아래 5회의 지방자치제 선거를 치루면서 각급 후보들의 정당 공천이 부패, 타락한 것만 봐도 알 수 있는 일이다. 정당부패의 온상인 공천제는 폐지함이 마땅하다.

넷째, 대통령이 국가원수의 직함에 충실해야 한다. 국민통합과 소통의 실천자인 만큼 당적을 버려야 한다는 뜻이다. 실로 많은 이들이 '대통령은 국가의 원수이며 국가의 계속성, 영토의 보전, 국리민복, 국민통합, 헌법수호의 책임을 지며 행정권은 대통령이 수반인 행정부에 속한다(헌법 66조)'리는 사실을 잊고 있나.

즉 대통령은 행정부의 수반과 국가원수라는 두 가지 지위를 겸하는 '나라의 우두머리'로서 지역, 성별, 연령, 학력, 종교, 이념의 차이와 갈등을 뛰어넘어 모두를 포용, 통합할 책무가 있다. 따라서 대통령에게는 국가원수로서 국민과 소통, 통합해야 한다는 기본적인 임무가 주어진다.

최근 이명박 대통령이 국민과의 소통에 소홀하다는 비판을 받고 있는데, 이명박 대통령은 이 사실을 부끄러워해야 마땅하다. 나아가 국가원수의 취지에 따라 대통령은 취임 선서와 동시에 당적을 이탈하는 것이 정도다. 지금까지 노태우, 김영삼, 김대중, 노무현 등 전직 대통령은 임기 말 '레임덕'에 몰려서야 당적을 포기했다. 만일 헌법의 정신에 동의한다면 이 대통령은 지금이라도 당적을 이탈하는 것이 올바른 길이다. 이런 견해를 정당 무용론이라고 반론하는 이들도 있겠으나, 진성당원이 전무한 오늘의 정당 현실과 대통령을 원수로 격상시킨 헌법의 취지를 아울러 살펴볼 때 대통령의 당적이탈은 합리적이라고 봐야 한다.

마지막으로, 거듭 강조하지만 개헌론은 쇄신안이 될 수 없다. 현행 헌법을 충실히 이행하지도 않고 개헌론을 꺼내는 것은 비겁한 일이다.

한때 나는 87년 6.29직후 헌법 개정 작업 때 제 1 야당의 개헌특위간사로 일했고, 현행 헌법이 엄격한 3권 분립, 국회의원의 자율권보장, 정당의 민주적 운영, 국가원수인 대통령의 헌법적 책임, 시장경제와 복지균점 등 자유민주주의 틀을 비교적 완전하게 규범화하고 있다는 데 동의한다. 물론 대통령 유고 시의 승계 등 불완전한 규정들이 없지 않으나, 오늘날의 극심한 정치적 혼란의 원인은 3권 분립에 관한 규범을 지키지 않은데서 비롯된 것이다.

지난 22년 동안 다섯 번의 대통령 선거, 여섯 번의 국회의원 선거 등을 거치면서 국회는 위헌적 헌정 운영이 쌓여온 상태다. 이제는 제대로 한번 해봐야 할 것 아닌가?

그래서,

"10년간 문광위원으로 재직한 후보자, 앞으로의 포부는 무엇인가?"라고 물은 한나라당 의원, 인사 검증의 임무를 정녕 모르는가?

인사청문회? 검증은 없고 인사만 있다

참여정부에서 시작된 인사청문회가 당사자들에게 면죄부만 주는 자리로 전락하고 있다. 야당일 때 인사청문회법을 입법한 한나라당이 여당이 된 지금 스스로 이 법을 무력화 시키고 있기 때문이다.

청문회를 거친 장관 후보들의 면면을 보니, 국민과 국익을 위한 삶을 살았던 흔적이 전무하다. 다들 재산 불리고, 기회 잘 잡아서 출세길에 오르고, 자리보전하는 기술이 뛰어난 분들이다. 인재가 그리 없는지 한탄스러운 걸 넘어, 저런 이들을 감싸는 인사청문회가 한심스러울 뿐이다. 청문회를 받아야 할 이들에게 면죄부를 주니 소도둑까지 빠져나간다. 지금 같은 인사청문회라면 백 번 열어도 무용지물이다.

인사청문회 목적은 다음과 같다.

첫째, 장관 총리의 부정비리 의혹을 밝힌다.
둘째, 공인의식과 국가관을 살핀다.
셋째, 정책집행능력을 따져본다.

그런데 지금 같은 제도로는 부정비리 의혹이 명백하고 심중이 있어도 그 죄를 못 밝힌다. 국민들 사이에서도 청문회에 대한 불신이 만연하고 청문회 무용론이 들끓는다. 게다가 문제를 지적해 대통령에게 표명해도 무시되니, 국민 눈으로 보면 잠깐의 소란 행위로 비칠 뿐이다. 대단히 불행한 일이다.

나는 이와 관련해 국회의 조사청문관제를 신설하기를 바란다. 일정한 자격을 갖춘 조사청문관을 채택해 권리를 부여하고, 청문회 대상이 뜻대로 협조하지 않을 때는 협조를 강제할 수 있도록 하는 것이다. 이에 대한 구체적인 내용은 다음과 같다.

첫째, 조사청문관에 구인권을 주어 지금처럼 핑계를 대고 안 나올 경우 반드시 끌어내 출석하도록 한다.

둘째, 필요한 조사를 위해 압수수색권과 심문권을 부여해, 국회 청문회나 국정감사 때 증인 참고인에 대한 심문이 실질적으로 이루어질 수 있도록 한다.

셋째, 증인, 참고인이 채택되거나 부정부패, 비리 의혹이 불거질 시 국회의 그물망을 빠져나갈 수 없도록 조사청문관제를 신설 운영한다.

넷째, 청문회에 불출석한 증인, 참고인에게는 가중 처벌한다. 위증은 사법방해죄이다. 나아가 청문회, 국회에 나와서 위증하는 것은 국민을 무시함으로써 국가권위를 훼손하는 일이 된다.

사실상 이런 개선이 쉽게 이루어지지는 않을 것이다. 국회 기득권자들이 자신들에게 불리한 제도를 받아들일 리 만무하기 때문이다. 이제는 국민이 결단해야 하고, 이런 문제점을 인식하고 있어야 한다.

지금 한나라당 의원들의 행태는 실로 코미디 수준이다. 야당일 때 장재완 총리, 장상 총리 내정자에게는 가벼운 위장전입과 자녀 이중국적취득 문제를 거세게 몰아붙여 이들 눈에 피눈물 나게 하고 낙마를 시켰다. 그런데 여당이 되고 나니 이때 뭘 했는지 까맣게 잊어버린 모양이다.

청문회는 국민을 대신해 그 사람이 총리나 장관이 될 자격이 있는지를 살펴보는 일이다. 설사 대통령이 지명한 인물이라 해도, 대통령이 잘못 보고 들으면 그 눈과 귀를 밝게 해서라도 철저히 따져야 한다. 그런데 그런 자리에서 공공연하게 감사의 말을 표현하고 에둘러 칭찬을 한다. 상식 이하의 행동이 아닐 수 없다.

대한민국 국회의원들이여, 부디 청문회의 취지를 바로 알라. 그런 뒤 모름지기 국가 이익을 우선해 양심에 따라 직무를 행하라.

자연인 곽노현, 공직자 곽노현

서울시 교육감 곽노현 씨가 2010년 선거과정에서 자신과 후보 단일화를 이뤘던 박명기 교수에게 2억 원을 건넸다. 준 사람과 받은 사람 모두가 인정했다.

공직선거법 232조에는 누군가로 하여금 후보 사퇴를 하게 했거나 그 자신이 사퇴했을 때, 그 사이에 금품이 오갔다면 7년 이하나 3천만 원 이하의 벌금에 처하도록 되어 있다. 곽노현 교육감의 경우, 대가성을 부인하며 인정 차원에서 선거와 무관하게 주었다고 주장한 바 있다.

하지만 공직선거법 제1조에 의하면 '헌법과 지방자치법에 따라 치러지는 선거, 즉 대통령 선거와 지방자치, 교육감 선거 등은 국민의 자유로운 의사와 민주적 절차에 따라 공정히 치러지도록 하

그래서,

6만6천 교원의 수장,
초·중·고 1천 2백 개
학교의 지휘 감독자가
도덕적 권위에 손상을
입을 경우 업무를
집행하기 어려워진다.

고 선거와 관련한 일체의 부정을 방지해 민주정치 발전에 기여하기 위해 이러한 처벌 규정을 만든다'는 규정이 있다.

  대법원 판례를 보면 금품수수, 후보 사퇴, 또는 유권자 매수를 위해 금품을 제공했을 경우, 후보끼리 선거와 관련 없다고 말을 맞춰도 처벌을 면할 수 없다. 두 사람 모두 후보였는데, 한 후보가 다른 쪽 후보를 위해 사퇴를 했고 거기에 돈이 건네졌다면 100% 유죄로 인정해온 것이다.

  이는 민주정치 발전을 위해 단속을 엄격히 한다는 취지로서, 조금이라도 공정성을 해할 위험이 있고, 다음 선거에도 나쁜 선례가 될 만한 일체의 행위를 광범위하게 유죄로 인정하기 위해서다.

  곽노현 교육감과 박명기 교수가 지난해 선거 전에 돈을 주기로 합의 했느냐, 안 했느냐는 중요한 것이 아니다. 합의한 사실이 없다 하더라도 정황상 한 사람이 사퇴했고, 선거에서 당선이 되었는데 그 후에 금품이 전달됐다면 그 자체로 문제가 있다.

  선의로 돈을 건넸다는 해명은 상식선에서 판단하면 된다. 곽 교육감의 신고 재산이 16억 원이다. 그중에 2억 원이면 거의 20퍼센트에 해당하는 돈 아닌가. 그 돈을 서울의 교육 수장으로서 교육

환경개선을 위해 투자할 수도 있었다. 그런데 그걸 자신의 선거 경쟁자였던 사람에게 선의로 줬다는 건 우리 사회 통념상 대가 관계를 벗어난다고 볼 수 없다. 즉 공정한 선거와 민주정치 발전을 위해 일체의 위험 행위를 처벌한다는 큰 구속 요건의 틀에서는 빠져나갈 길이 없다는 의미다.

한편에서는 정치권에서 후보단일화를 이뤄냈을 경우, 상대에게 그간 쓴 선거비용을 보전해주는 것이 일종의 관행이라고도 말한다. 내 기억으로도 1노 3김 시대였던 13대 선거에서도 통일민주당이 한 후보를 5천만 원 주고 사퇴시킨 적이 있었다. 결국 그때도 그것이 문제가 되어 당 사무총장이었던 현역 의원이 구속됐다. 역시 관행이라는 풍설은 있었지만, 일단 드러나고 적발된 이상 엄하게 처벌받았다.

곽노현 교육감은 초·중·고 1천2백 개 학교, 6만6천 명 교원의 지휘 감독자다. 그가 자신의 당선을 위해 사퇴한 사람에게 '선의와 인정 차원'에서 2억 원을 건넨 것을 용납하고자 한다면, 학부모들이 교사들에게 '인정 차원의 촌지'를 건네는 것도 용납해야 한다.

  도덕과 법률의 기준은 달라야 한다. 도덕적 잣대로 판단할 일과 법률 적용 사안은 따로 생각해야 한다.

3장

새시대를
이끌어갈 제 3의 세력들

그래서,

군군, 신신, 민민 (君君, 臣臣, 民民) 해야 한다. 국민이 좋은 일꾼을 뽑고, 그들이 제 임무를 다할 때 나라가 평안해진다.

좋은 대통령, 국민 손에 달렸다

KBS에서 「프레지던트」라는 연속극을 방영한 적이 있다. 호기심이 들어 보니 한국 대통령 선거 과정을 그린 극이었다. 극중에서 대통령 역할을 맡은 배우는 최수종 씨였는데, 그는 드라마 방영 후 한 인터뷰에서 다음과 같은 말을 남겼다.

"대통령 되기 정말 힘들더라고요."

이 이야기를 듣는데 나도 모르게 웃음이 났다. 정말로 맞다. 대통령 되는 것, 아주 힘든 일이다. 게다가 좋은 대통령 되기는 훨씬 더 어렵다. 그래서 대통령 자리는 함부로 나서서도 나서라고 부추겨도 안 된다.

대통령 도전자의 조건은 사실 복잡한 게 아닐지도 모른다. 대통령이 뭐하는 자리인지를 분명히 알고 이를 실행에 옮길 수 있는 사람이어야 한다. 막연히 '내가 하면 이전 대통령들과 다르겠지' 생각만으로 도전해서는 안 된다.

나아가 유권자도 함부로 선택해서는 안 된다. 국민들 역시 대통령이 어떤 존재인지, 그가 무엇을 하는 사람인지를 알고 뽑아야 한다. 이런 면에서 대통령은 후보와 국민이 함께 만들어내는 자리다. 즉 후보도 국민도 대통령 자리에 대한 투철한 인식과 더불어 그 업무를 어느 정도 이해해야 한다.

우리는 대통령을 뭐라고 부르는가? 국가원수라고 부른다. 국가원수는 행정부 수반과는 차원이 다르다. 그저 나랏일을 돌보는 것을 넘어 영토의 보전, 국가의 계속성, 헌법 수호를 책임지고, 국민통합의 상징이자 실천자가 되어야 한다. 한 정파의 보스여서는 안 되며, 지역과 이념과 계층을 초월해 국민통합을 이룰 수 있어야 한다.

87년 새 헌법을 만들 때의 일이다. 당시 나는 제1야당 정책위의장이자 헌법특위 당 간사였다. 당시 당에서는 권위주의 냄새가 난다며 국가원수 부분의 헌법을 삭제하려고 했다. 하지만 나는 거기에 강하게 반대해 이 부분을 되살려놓았다. 오랜 권위주의의 후

유증으로 가해자와 피해자의 갈등, 지역갈등 등이 쌓여 있는 상황에서는 오히려 대통령의 국민통합 기능을 더욱 강화해야 한다는 논리로 사안을 관철시킨 것이다. 따라서 지역을 가르고, 강남·강북을 가르고, 가진 사람과 못 가진 사람으로 가르는 대통령은 국가원수의 자격을 가졌다고 볼 수 없다.

이제 곧 새로운 대통령 선거가 다가온다. 대통령은 대한민국 국민 40세 이상이면 누구나 나설 수 있다. 그러나 이처럼 참여의 장이 넓다고 함부로 나서거나, 함부로 뽑아서도 안 된다. 호불호를 말하기 전에, 앞으로 어떤 국가적 과제를 해결해야 할지, 그가 그럴 의지와 능력이 충분한지를 먼저 따져야 한다.

나 역시 한 사람의 국민으로서 다음 대통령에게 반드시 이것만은 바로잡아야 한다고 생각한다.

첫째, 국회의원 수를 200명으로 줄이고 감사원을 국회로 가져와 권한을 강화해 달라. 또한 비례대표는 없애야 한다는 점도 말하고 싶다. 우리나라 전체의 직업군은 약 2만 개다. 만일 비례대표가 명실공히 국민을 대표하는 자리가 되려면 2만 석은 족히 필요할 판이다. 이것이 사실상 불가능한 만큼 200명의 국회의원 기능을 강화해 비례대표 기능을 흡수하는 쪽이 효율적이다.

둘째, 지방자치에 정치를 개입시키지 말아달라. 서울시의 싸우는 모습을 보면서 기초단체의원은 반드시 무보수 명예직화해야 한다는 생각이 들었다. 돈 문제가 걸리면 반드시 사리사욕이 생겨난다. 그래서 정당 공천을 통해 국회의원이 시·도의원을 쥐어짜고 시·도의원은 기초의원을 쥐어짜게 된다. 이 악순환의 고리를 끊어야 한다.

대통령직선 개헌이 쟁취된 1987년 6·29 이후 24년이 흘렀다. 다섯 번의 대선과 여섯 번의 국선이 무사히 치러졌다. 이는 대의민주주의가 자리를 잡아가고 있다는 증거이기 전에, 우리 국민이 뼈아픈 시행착오를 통해 충분히 정치학습을 했다는 것도 의미한다.

이제 나라의 주인이 국민임을 자각한 이상, 국민들이 정당 국회의원의 위헌적 행태를 충분히 개혁할 수 있다. 국민의 무기는 다른 것이 아니다. 좋은 대통령, 좋은 정치인을 골라내는 눈을 밝히면 된다.

그간 대통령 직선제 등 절차적 민주화를 이루었다면 이젠 실질적 민주화를 이뤄야 할 때다. 여야 싸움터 국회, 계파 싸움터 정당을 타파할 때가 됐다. 더 이상 국민이 구경꾼으로 머물던 시대는 지났다. 좋은 대통령은 누구도 아닌 국민이 만든다는 것을 기억해야 한다.

'답지 않은 사람들'이 껍데기로 분장해 세상을 속이고 큰 자리를 꿰차고 호령해온 지난날을 돌이켜보자. 아직도 지도자의 자리에 '답지 않은 자'들이 득실거린다. 이제 국민의 밝은 눈으로 이들을 가려내야 한다.

그래서 ","

아무리 외쳐도
꿈쩍 않던 기득권의
부패, 무능한 정치
행태를 단 몇 마디로
뒤엎은 안철수의 행보!

안철수 쓰나미, 낡은 정치에 몰아친 '민심의 폭풍'

2011년 9월, 대한민국에 쓰나미가 몰아쳤다. 바로 안철수 쓰나미다. 이 쓰나미가 몰아치자 정계는 정당정치의 위기가 왔다며 법석을 떨고 안 교수를 폄훼하기에 바빴다.

그러나 곰곰이 되짚어보자. 정말로 안철수 쓰나미가 정당정치의 위기를 몰고 왔을까? 위기는 이미 진행되고 있었고, 그는 그 진행되고 있던 위기를 확인시켰을 뿐 아닌가?

똥통에 오래 갇혀 있던 사람은 그 냄새가 얼마나 지독한지 모른다. 마찬가지로 정당과 국회의원들은 그들이 놀고 있는 판이 얼마나 병들었는지 미처 깨닫지 못하고 있다. 그리고 '안철수 쓰나미'는 그 병든 틀을 뒤집어 엎으라는 일종의 경고와 같다.

나도 안철수 교수가 서울시장 후보로 나선다고 했을 때 박수를 칠 만큼 반가웠다. 순수 무소속 후보로 서울시장에 당선되어 주민자치를 궤도 올려놓을 사람이 나타났다 싶어서 내심 응원했다.

국민이 나라의 주인인데 정당과 국회의원들이 주민 자치 판에 달려들어 민생을 여야 싸움판을 만드는 게 볼썽사납던 차에, 안 교수가 무소속으로 시장이 되어준다면 희망이 있으리라 판단한 것이다.

국민의 반응 또한 얼마나 뜨거웠던가. 순식간에 지지율 50퍼센트를 넘기는 것을 보고 기성 정당과 정치인에 대한 국민들의 내심이 그대로 나타난다 싶어 슬픈 마음까지 들 정도였다.

결과적으로 그가 박원순 후보와 단일화를 표명하며 후보직에서 물러나서 무척 아쉽긴 했으나, 그의 지지가 마중물이 되어 또 다른 무소속 후보가 당선되었으니 그것으로 만족할 수 있었다. 하지만 여전히 그의 존재가 정치권의 빨간불이 되어 정권과 정치가들을 긴장시켜주었으면 하는 바람만큼은 아직도 놓지 않고 있다. 국회가 안철수 쓰나미로 대변된 민심의 분노를 읽고 그간 잊고 있었던 '나라의 주인 국민'을 다시 섬기는 계기가 되었으면 하는 바람인 것이다.

허나 안철수 쓰나미가 지나간 지금도 여당쇄신, 야당통합에는 출구가 보이지 않는다. 한나라당은 하루가 멀다고 터지는 비리 수습하기에도 바쁘다. 그간 본연의 임무를 잊은 채 대통령 비위 맞추고, 자기 배 불리느라 저질러 놓은 일들에 정신 못 차리고 있다. 중병에 걸려 당장 수술을 받지 않으면 생명이 위태로워지는데도 진통제나 해열제나 찾아 헤매다니 얼마나 어리석고 안타까운 일인가!

안철수 쓰나미를 맞고 난 뒤에 허둥대는 모습이 딱 그런 꼴이다. 자신이 말기암에 걸렸다는 것을 모르는 환자는 주위를 안타깝게 할 뿐이지만, 선거에 패배한 정당 지도자들이 국민은 다 아는 원인을 모르고 허둥대는 걸 보면 짜증이 난다.

이번 서울시장 보선을 계기로 보수와 진보의 이념 대결 타파, 개인이 주체, 생활 실천, 이웃과의 공감 등 안철수 현상이 확산되는 것은 사실상 기성 정치권으로서는 감당키 어려운 상황이었을 것이다. 이제는 심각하게 고민하고, 뼛속 깊이 반성하고, 머리부터 발끝까지 변화하기 위한 준비가 필요하다.

또한 각 정파, 야심가들은 안철수 교수를 자기편으로 끌어들이

지 말라. 안 교수를 자유롭게 하라. 이미 그는 신당 창당과 국회의원 선거에 나서지 않겠다고 밝힌 바 있다. 당사자가 그렇게 의사를 분명히 밝혔는데도 어째서 " 대선에는 나설 것 아닌가?", "총선에서 심판 받아야지 몸을 사리느냐?"고 다그치는지 이해할 수 없다. 만일 그가 대선 후보로 나선다 해도 그때 국민이 판단할 일이다.

어느 날 혜성처럼 나타난 자의 한마디 말에 요동치는 정치판. 한번이라도 국회의원 '해먹은 놈'은 허접쓰레기가 되기 십상인 곳, 도덕적 권위를 가진 어른이나 원로가 없는 바닥. 갈기갈기 찢고 다투고 발뺌하는 이 척박한 풍토…….

안철수 쓰나미는 그렇게 거품처럼 지어진 모래성을 허물고 그 밑에 깔려 있던 정치의 진실을 보여준 귀중한 귀감일 것이다.

서울시장은 정치가가 아닌 행정가

10·26 보궐선거로 온 나라가 술렁거렸다. 특히 서울시장 자리는 후보 선출에서부터 치열한 공방이 펼쳐졌다. 안철수 교수가 후보로 나서자마자 금방 50퍼센트의 지지율을 기록함으로써 기존 정당과 정치인들을 어리둥절하게 만들었고, 며칠 새 '안풍', '안철수 신드롬', '안철수 현상' 등의 신조어들이 신문을 도배했다.

또한 그가 무소속으로 출마하겠다고 밝히자 자연스럽게 1995년에 무소속으로 서울시장에 출사표를 던졌던 내 이야기도 다시금 수면 위로 떠올랐다. 여러 미디어가 나를 인용해 기사를 실었고, 몇 군데는 나와 직접 인터뷰를 해서 기사를 올리기도 했다.

이 인터뷰들에서 나는 안철수 교수가 무소속 출마의 명분과 취지만 분명히 하면 당선이 확실하다고 밝힌 바 있다. 내가 서울시

그래서,

자치단체장의 임무는
'주민자치의 실현!'
박원순 시장,
이제 자치를 궤도에
올린 시장으로
기록되시길….

장으로 출마했던 95년보다 훨씬 상황이 좋다고 판단한 까닭이다. 내 경우에는 지지율이 40퍼센트 근처였는데 그는 50퍼센트 근처의 지지율을 기록했으며, 무엇보다 SNS 등 당시 무소속은 가질 수 없었던 조직·홍보의 열세를 보완할 수단이 있었기 때문이다.

게다가 지금은 3김 시대도 지나 경상도, 전라도 등의 지역주의도 약해졌고, 지역 맹주도 사라졌다. 더는 한나라당의 대표, 민주당의 대표가 지역 맹주가 아니라는 점만 봐도 알 수 있다. 다만 나는 안철수 교수가 만일 '제도권 정당이 신뢰를 잃고 있으니 서울시의 소프트웨어를 고치겠다는 순수한 마음'으로 정치를 시작하는 것이라면, 정신무장을 훨씬 강도 높게 해야 한다고 강조했다. 단지 소프트웨어를 수정하는 것이 아니라 "서울시 행정에 여의도 정치가 개입하지 못하도록 잘못된 관행을 뜯어고치겠다는 개혁적 마인드로 나오라"는 의미였다. 그만큼 단호한 준비와 결단이 필요한 것이 바로 그 자리라는 뜻이다.

특히 그가 무소속으로 출마해 당선될 경우 정당과 국회의원들이 지방자치에 개입하는 것을 차단하는, 지방자치에 정당 공천을 폐지하는 계기를 만들 수 있다는 생각도 들었다. 즉 중앙정치도 정상화하고 주민자치도 제 궤도에 올리는 기회가 된다.

3장 새 시대를 이끌어 갈 제3의 세력들

이는 당선되어 업무를 진행하고 있는 박원순 시장에게도 똑같이 하고 싶은 말이다. 자치단체장의 임무는 주민자치의 실현이다. 즉 정당과 특정단체의 영향에 휘둘려선 안 된다. 헌법의 자치정신이 훼손되고 있는 것은 모든 지자체가 정당에 장악되어 있기 때문이다. 그 결과 단체장과 지방의원의 정당공천제는 정치부패의 온상이 됐고, 대부분의 지역에서 민심분열, 갈등을 부추기고 있다. 국회의원과 정당의 지방행정 개입으로 주민자치정신이 흐트러지고 풀뿌리 민주주의의 싹이 잘리고 있다. 그래서 지방자치를 헌법취지에 맞게 운영하기 위해서는 정당공천제를 폐기해야 하는 것이다.

지금 국민이 제도권 정치에 대해 구조적으로 불신하고 좌절감을 갖는 근본적인 이유는 국회와 정당이 할 일을 제대로 하지 않아서다. 이들이 할 일을 제대로 하게 하려면 지방자치에서는 손 떼도록 만들고 여의도로 쫓아내야 한다. 서울시 행정에 정치가 개입해 싸움판처럼 보이지만, 사실상 서울시장은 정치가가 아닌 행정가임을 명심해야 한다. 박원순 시장, 앞으로 자치를 궤도에 올린 시장으로 기록되길 바랍니다.

아날로그 정치에서 스마트 정치로

2011년 추석을 앞둔 대통령 추석맞이 방송 좌담회에서 안철수 현상에 대한 질문을 받은 이 대통령은 이렇게 말했다.

"올 것이 왔다. 국민은 스마트시대에 왔는데, 정치권은 아날로그 시대에 머문 탓이다."

그렇다면 과연 이 대통령은 스마트 정치를 실현하고 있나?

지금 국민은 새 정치, 변화와 혁신을 간절히 원하고 있다. 급물살을 탄 안철수 현상과 제3세력에 대한 관심과 호응은, 바꿔 말하면 우리 국민들이 현 정부와 여당을 얼마나 불신하고 있는가를 보여주는 바로미터이기도 하다.

이런 판국에 정작 당사자인 대통령은 스스로 반성할 생각은 않고 사돈 남 말하고 있다. 제 얼굴 더러운 줄 모르고 거울만 나무라

3장 새 시대를 이끌어 갈 제3의 세력들

그래서 ■ ,

이 대통령, 안철수 바람에 "스마트 시대가 왔는데, 정치는 아날로그에 머물러 있다"
어째 사돈이 남 말하듯?

는 꼴이다. 먼저 그 자신이 먼저 '무엇이 아날로그 정치인지, 스마트 정치로 나아가기 위해선 어떤 노력을 해야 하는지' 진지하게 고민해야 할 것이다.

실로 최근 여의도 광장에 5만 명 이상이 콘서트를 방불케 하는 한미 FTA 집회를 치러냈다. 자발적 후불제로 모아진 성금만 해도 3억 원이 넘는다. 이는 불통의 시대에 광장으로 뛰쳐나가기를 원하는 민심과 팟캐스트에서 다운로드 1순위를 지키고 있는 미디어집단 「나꼼수」의 동원력이 만난 결과다.

이 정도 동원력은 그야말로 예전에는 대통령 대선 후보들이나 할 수 있었던 일이다. 바로 그것을 국민들이, 그리고 다양한 접촉 매체로 서로를 연결해주는 미디어집단이 해낸 것이다.

나아가 예전의 집회가 폭력적이고 과격하며 무거운 분위기로 이루어졌다면 스마트 정치는 '정치의 일상화'를 통해 보다 가까이 행동하고 느끼려는 젊은 축들이 원동력이 되어 굴러간다. 심지어 트위터 하나를 해도 그 말이 가진 파급력이 너무 커서 놀라울 정도이다.

3장 새 시대를 이끌어 갈 제3의 세력들

상황이 이러한데 대통령은 어떠한가. 과연 얼마나 소통하고 국민의 이야기에 귀를 기울이고 있는가. 물론 이 대통령이 말한 아날로그 정치도 다음과 같은 정치일 것이다.

첫째, 밀실야합, 계파, 돈 공천이 횡행하는 정치
둘째, 자율권이 거세된 국회의원이 여야 싸움판의 용병 노릇만 하는 정치
셋째, 대표와 최고위원들이 아침마다 '봉숭아학당'을 열고 저마다 딴소리하는 정치
넷째, 사실상 당비를 내는 진성당원이 미미한 정당의 정권 쟁탈 노름판이 되어버린 정치

즉 아날로그 정치는 구태정치의 다른 말이며, 스마트 정치란 이 구태 정치에서 벗어나는 길이다. 이제 국민은 낡은 지역주의에 의존한 정치, 돈으로 선거하는 금권 선거, 측근정치, 비선정치, 연고주의 등 제도와 절차가 무시되는 정치구조와 정치문화를 용납하지 않는다. 권력형 부정부패, 사회 지도층의 습관화된 부정과 비리를 용인하는 정치 또한 마찬가지다. 이들은 더더욱 자유롭게 자

신의 의사를 표현하고, 수많은 정보들을 취합해 결정을 내리며, 뜻이 맞는 이들과 연대하고자 한다.

대통령도 정치인도 이를 바로 알고 국민의 요구를 충족시켜야 한다. 대통령이 가장 먼저 결단을 내려야 한다.

첫째, 대통령부터 먼저 정권 내에 자신의 계보를 형성해선 안 된다.

둘째, 정당의 비민주적 공천은 정당 해산 사유가 된다는 점을 경고하고, 이를 따르지 않을 때는 헌법재판소에 제소해야 한다.

셋째, 국회의 여야 패싸움 방지를 위한 국회법 개정안과 지방자치 정상화를 위한 공천 폐지안을 제출한다.

대통령은 헌법 수호 책임자로서 정당이 각종 선거의 후보를 밀실 야합, 돈 공천 등 비민주적 방법으로 결정할 때, 그 정당의 해산을 헌법재판소에 제소할 수 있고, 정당과 국회의 민주적 운영을 촉구·조정할 책무가 있다. 과연 대통령은 이런 책무를 다했는가? 대통령의 성찰이 필요할 때이다.

3장 새 시대를 이끌어 갈 제3의 세력들

2011년 4월 한나라당이 재보선에 참패했을 때, 이명박 대통령은 "큰 흐름에서 국민의 뜻은 늘 정확했다. 이번 선거에 나타난 국민의 뜻을 무겁고 무섭게 받아들여야 한다"며 "정부, 여당이 거듭나는 계기로 삼아야 한다"고 했다.

부디 이때 했던 자신의 말을 되새겨보기를 바란다. 지금 국민의 뜻이 무엇인지 똑바로 읽어내기를 바란다.

21세기 분서갱유, 「나꼼수」의 정봉주

　방송통신심의위원회(방통심의위)가 SNS 등을 전담하는 뉴미디어정보심의 팀을 가동했다. 이로서 앞으로 SNS와 스마트폰 앱 심의가 대폭 강화될 예정이다. 이에 대한 반발도 만만치 않다. 위헌이라는 주장도 많다.

　방통심의위는 민간자율기구를 표방한다. 하지만 기관 성격은 헌재에서 판단하는 것이다. 과거 공연윤리위원회 등도 스스로 민간조직임 표방했지만, 헌재는 모두 이들을 '사전검열 행정기구'로 판단해 폐지시켰다.
　헌재 관계자는 "10명도 안 되는 심의 팀이 트위터와 페이스북을 모두 감시할 수는 없을 것"이라며 실효성에 의문을 제기한 바 있다. 또 다른 관계자는 "아직 헌재가 심의가 위헌이지 심판을 진행

그래서,

대통령과 여당에 대한 일체의 비판을 원천 봉쇄하는 사이버 모욕죄. 세상은 돌고 도는데 한나라당은 야당 할 날은 생각 안 하나?

중인 상황에서 기구와 기능 확대는 성급한 느낌이 있다"고 지적한다.

그렇다면 SNS 심의, 왜 이렇게 말이 많은 걸까? 그 이유는 이 심의가 표현의 자유를 제약할 뿐만 아니라, 사법부가 아닌 행정부가 공익성 판단을 전담할 때 이것이 정권 유지 수단으로 악용될 수 있기 때문이다.

뉴미디어심의는 2008년에 추진된 사이버모욕죄와 맥락이 다르지 않다. 당시 한나라당 율사 출신 장윤석 의원과 나경원 의원이 선두에 나서 적극적으로 추진했던 이 심의는 수많은 빈축을 샀다. 당시 나는 「나경원 의원은 사이버모욕죄를 철회하라」, 「사이버모욕죄는 21세기 분서갱유이다」라는 칼럼으로 이 심의에 반대했다. 당시 칼럼에서 제기했던 문제들이 지금의 상황과 다르지 않으므로 그때 썼던 「사이버모욕죄는 21세기 분서갱유이다」라는 칼럼의 전문을 게재해본다.

2009년 2월 25일 국회문광위에서 한나라당 단독으로 사이버모욕죄 신설을 비롯한 언론법 22개를 기습 상정했다. 이 기

3장 새 시대를 이끌어 갈 제3의 세력들

습 상정은 원천무효이다. 국회법에는 상정할 안건을 미리 알려서 낭독하고, 상정여부에 대한 의견을 물어서 이견이 있으면 표결을 거치도록 규정하고 있음에도 이런 절차 없이 위원장이 여야 간사들의 합의가 이루어지지 않았다는 설명 끝에 느닷없이 " 방송법 등 22개 법안을 일괄 상정할 수밖에 없을 것 같습니다 "라고 말하고 의사봉을 두들겼다. 명백하게 '상정의결은 부존재'이다. 원천무효이다.

그러나 여당과 정부는 본회의까지 밀어붙여 통과시킬 태세이다. 분통이 터질 일이다. 22개 법안 중 충격적인 부분은 사이버모욕죄 신설이다. '정보통신보호법'을 개정하여 인터넷 등에서 모욕의 글을 올리면 2년 이하의 징역 또는 1천만 원 이하의 벌금형을 선고할 수 있게 하는 내용이다. 사이버모욕죄가 신설되면 대통령 등에 대한 모든 비판의 글은 완전히 봉쇄된다.

1) 인터넷 상에 실린 대통령 등 정부여당 구성원에 대한 단순한 모욕의 글은 물론, 대안을 담은 비판의 글도 처벌의 대상이 된다. 형법상의 모욕죄(311조)는 법정형이 징역 1년 이하

이며 반드시 당사자의 고소가 있어야 처벌된다. 그러나 사이버모욕죄는 당사자의 고소 없이도 경찰, 검찰 등 수사기관이 마음대로 입건, 수사, 기소하여 처벌할 수 있다.

 2) 사이버모욕죄가 지극히 위험한 것은 단순한 모욕의 글, 예컨대 사실을 적시하지 않은 '개새끼' 등 욕설만이 처벌대상이 되는 것이 아니라, 비판의 글도 당연히 처벌이 가능하다는데 있다. 대안을 제시한 비판의 글도 비판당하는 사람 입장에서는 모욕감을 떨칠 수 없는 것이 인지상정(人之常情)이다. 따라서 최대의 모욕은 비판당하는 것이다. 인터넷에 대통령 등 고위인사들에 대한 비판의 글도 수사기관에 의해서 제한 없이 입건, 수사 대상이 될 것이다.

 3) 더욱 우려스러운 것은 오프라인에 게재된 대통령 등에 대한 비판의 글을 온라인에 옮겨 실었을 때도 바로 입건 처벌이 가능하다는 것이다.

 사이버모욕죄는 인터넷의 비판공간을 블라인드 처리하여

폐쇄하게 되고, 오프라인에서도 비판자들의 입과 붓을 틀어막고 꺾게 될 것이다. 그리하여 이에 저항하는 용기 있는 사람들을 범법자로 만들고 나아가 이 나라가 기원전 진시황시대 반대 언론을 말살해버린 분서갱유적 언론환경에 빠질 것이다.

상상만 해도 두렵다. 미네르바는 영원히 침묵하게 될 지도 모른다. 무섭다. 한나라당 의원들은 야당 할 날을 염두에 두지 않는가? 사이버모욕죄가 신설되면 저들이 야당이 되었을 때 바로 그 악법으로 호되게 당하게 될지도 모른다. 역사는 그렇게 보답할 것이다. 춘추필법을 두려워하라.

그리고 2012년, 사이버모욕죄에 이어 여당과 정부의 '입 막기' 시도가 또다시 시작되고 있다. 최근 SNS 매체의 스타라고 불리는 한 사람이 감옥에 갔다. 바로 「나꼼수」의 멤버 중에 한 사람인 정봉주 전 의원이다.

2011년 12월 22일, 정봉주 전 의원에게 적용된 공직선거법상 '허위사실유포죄'가 대법원에서 인정되어 징역 1년이 확정된 것이다. 정봉주 전 의원의 혐의는 2007년 12월 대선 당시 한나라당

이명박 후보가 BBK의 설립자이며 투자와 자금유치에 직접 관여했다고 말한 점이다.

이후에도 정봉주 씨는「나꼼수」의 1인으로서 미디어매체를 통해 이 사건을 자주 언급했고, 이번의 실형 확정도「나꼼수」의 엄청난 파급력을 우려한 보수 세력이 더는 이런 사태를 좌시하지 않겠다는 엄포라고 이해하는 이들이 적지 않다.

그러나 이번 정봉주 전 의원의 실형 확정은 공평성의 원리에 어긋난다.

당시 한나라당의 대선후보경쟁에 나섰던 박근혜 후보도 "이명박 대통령이 BBK의 실소유주이며 주가조작에 직접 개입해서 5천 명의 피해자가 발생하였다"고 주장한 바 있기 때문이다. 심지어 박 후보의 발언 내용은 정봉주 전 의원의 의혹 제기 내용보다 훨씬 강도가 높았다는 점도 눈에 띈다. 그런데도 검찰은 정전의원만 공소제기하고 박근혜 후보는 불문 처리한 이유는 무엇일까?

공정하지 못한 공소제기 결과, 정봉주 전 의원은 유죄판결이 확정되어 징역 1년을 복역하고 10년간 피선거권까지 정지당하게 되었다.

이제 박 위원장은 같은 의혹 제기 당사자로서 정봉주 전 의원은 처벌을 받고 자신은 처벌에서 제외된 것이 법치주의를 실천하는 민주국가에서 불공정한 결과임을 명심해야 한다. 박 위원장의 경우는 혐의가 인정된다 해도 이미 공소시효가 만료되어 처벌이 불가하다. 결국 정봉주 전 의원을 사면하는 것이 그나마 불공정을 바로잡는 일이 될 것이다. 즉 이명박 대통령의 정봉주 전 의원에 대한 사면은 박 위원장의 건의로 이뤄져야 사리에 합당하다.

박 위원장은 대통령직 도전자로서 대통령에게 공정한 법치를 행해야 할 책무가 있음을 잘 알 것이다. 박 위원장은 지금 당장 정봉주 전 의원의 사면을 이명박 대통령에게 건의해야 한다.

BBK는 끝나지 않았다. 2008년 2월 나는 김경준 씨의 변호인으로서 BBK 사건을 맡은 '정호영 특별검사'에게 MB와 관련된 의혹의 증거들을 일방적으로 배척하지 말 것을 강력히 권고한 바 있다. 하지만 특검은 이를 무시하였다.

이 땅에 법치주의가 살아 있다면 비단 정봉주 전 의원뿐만 아니라 수많은 국민들이 BBK의 남은 의혹들에 대한 재수사가 반드시 이루어지기를 원하고 있음을 이명박 대통령은 물론 차기 대권주자들 또한 명심해야 한다.

대의민주주의 · 근조대의민주주의!

2010년 4월 14일 서울에서 발행되는 일간지 H일보의 만평은돈 보따리를 짊어진 지방선거 정당공천 신청자가 '중앙당 자판기' 앞에서 있고, 공천자인 국회의원은 돈 한 묶음을 움켜쥐고 자판기 안에 도사리고 있는 모습을 그려놓았다.

기초단체장과 지방의원 후보들의 정당 공천이 공천 아닌 국회 의원들의 '사천'으로 전락했다. 게다가 이는 전국적으로 벌어지 고 있는 현상이라 달리 증거도 필요하지 않다. 한나라당과 민주당 등의 거대정당들이 공천=당선이 보장되는 연고지에서 해당 지역 국회의원을 통해 후보자들을 낙점함으로써 각 시도 당에 설치된 공천심사위를 무력화시키고 있기 때문이다.

나아가 낙점 이유 또한 2년 후 국회의원 총선거에 대비한 충성

그래서,

'주민, 자치, 지방'
대신 '정당, 국회의원,
중앙정치'로 변질된
6·2지방선거.
한국 정당, 태국의
정당 해산 결정을
반면교사 삼아야!

도와 공천헌금 액수에 달려 있다는 사실이 공공연히 감지되고 있다.

재작년 태국에서 벌어진 반정부시위 와중인 2010년 4월 11일, 태국선거관리위원회가 아시 핏 총리가 소속한 여당인 민주당이 2005년 총선 때 불법선거자금 800만 달러를 수수한 사실을 밝혀내 헌법재판소에 정당해산명령신청을 했다.

이 보도를 보자. 우리 정부와 선거관리위원회가 정당들이 불법선거자금을 모금하고, 민주적 절차에 위배되는 지방선거후보자들을 공천하고 있는 사태에 대해 침묵하고 있음을 떠올리지 않을 수 없었다. 동시에 자연스럽게 질문 하나가 떠올랐다.

태국과 한국, 과연 어느 쪽이 민주화 내실을 더 알차게 다졌는가?

대통령과 지도자들은 말끝마다 한국은 산업화와 민주화를 빠른 시일 안에 달성한 자랑스러운 나라라고 말한다. 그렇다면 민주화가 달성된 나라의 지방선거 정당 공천 현실이 이 정도 수준인 게 정상인가?

헌법 8조는 '정당의 조직, 목적과 활동은 민주적이어야 하며 공직선거후보자들의 비민주적 공천행태 등은 정당해산사유가 된다'고 명하고 있다. 헌법수호책임을 가진 대통령과 중앙선거관리위원회는 그 책임을 포기할 것인가? 이 혹심한 위헌적 정당 공천행태를 이대로 방치할 것인가? 태국의 사태는 무엇을 말해주고 있는가?

만일 저들이 태국의 반정부시위의 의미를 파악할 수 없다면, 앞으로 가장 큰 권력인 국민이 그 대답을 해줄 것이다.

중수부 폐지가 검찰개혁의 핵심?

 2010년 6월, 검찰총장이 국회 대검중수부폐지 논의에 반발해 저축은행사태 수사를 중단했다는 뉴스가 흘러나왔다. 가슴이 철렁 내려앉았다. 예금 피해자들과 국민들은 지금 검찰만 바라보고 희망의 끈을 붙잡고 있는데 수사를 중단하겠다는 것이다.

 검찰은 파사현정(破邪顯正:그릇된 것을 깨뜨리고 올바르게 바로잡다)을 실천하는 국가 최고 수사기관이다. 따라서 국민의 신뢰를 저버려서는 안 되며, 그러기 위해서는 대통령의 권력으로부터 독립된 중립 지대에서 직무를 행해야 한다.
 그런데 국회에서 논의되었던 검찰개혁 방향이 이러한 대원칙에서 벗어난 당리당략적 차원에서 진행되었다는 점이 대단히 유감스럽다. 대검중수부폐지 논의는 대체 어떤 목적으로 튀어나온 것

그래서,

'검찰개혁'의 핵심은
권력으로부터의 중립!
대검중수부폐지를
논하는 국회,
제 식구 감싸기인가?

인가?

　검찰 개혁이 올바른 방향으로 진행되려면 대검중수부폐지가 아닌 다음의 거시적인 관점을 견지해야 한다.
　첫째, 검찰의 독립성을 강화하기 위해 수장인 검찰총장의 임명 절차를 개혁해야 한다. 현재는 대통령이 임의로 임명하도록 되어 있는 탓에 대통령의 의중에 따라 총장 자리가 결정되고, 이것이 검찰의 중립성을 훼손하고 있다.
　따라서 중립성 훼손을 방지하기 위한 '검찰총장 추천위원회'를 구성할 필요가 있다. 이 위원회는 중립적인 인사들로 구성되어야 할 것이며, 이를 검찰청 법에도 명문해 규정으로 포함시켜야 한다.
　둘째, 검찰권의 남용을 방지하려면 중요 사건의 '기소심사제도'를 채택하고 그 심사위원회를 중립적인 인사들로 구성하며, 이 또한 검찰청법에 명문화해야 한다.
　셋째, 대검중수부폐지 여부는 검찰 개혁의 핵심이 아님을 알아야 한다. 현재 대검중수부는 관·민이 합작한 반국민적 최악의 부패사건인 저축은행사태를 수사하고 있다. 이 사건에는 전·현직 국회의원들과 정치인들이 연루되어 있을 가능성이 대단히 높다.

3장 새 시대를 이끌어 갈 제3의 세력들

이런 순간 국회가 대검중수부 폐지를 논의한다는 것은 시기와 방법 면에서 대단히 잘못된 것이다.

비리에 연루된 국회의원들이 자신을 겨누게 될 수사의 칼날을 피하기 위해 검찰 개혁을 빌미로 대검중수부 폐지를 논의하고 있다는 인상이 짙기 때문이다.

대통령들은 본질적으로 검찰을 손아귀에 쥐기 원한다. 바로 그 욕심 많은 손으로부터 검찰을 떼어낼 제도적 장치를 모색해야 한다. 그럼에도 여야를 불문하고 지금 국회의원들이 바라는 검찰개혁의 진의가 무엇인지 궁금할 뿐이다.

다시 한 번 강조한다. 검찰개혁의 첫째는 대통령 권력으로부터의 중립일 뿐, 검찰권 남용의 방지책을 빌미로 한 중수부 폐지가 아님을 여야 모두가 명백히 알아야 한다.

김영란 전 대법관의 아름다운 선택

'2011년 법조계 강타한 정동기, 김영란 효과!'

한 신문기사의 헤드라인이다. 여기서의 '정동기 효과'란 국회 인사청문회를 거쳐야 임명이 가능한 고위직에 대형 로펌 출신 변호사를 발탁하는 것을 꺼리는 현상을 말하고, '김영란 효과'는 대법원장, 대법관 출신 법조인이 로펌 재취업이나 변호사 개업 대신 법학전문대학원(로스쿨) 교수 등으로 진출하는 현상을 뜻한다.

이 두 사람은 동시에 이름이 올랐지만, 그 교훈은 다르다. 한 사람은 반면교사(反面敎師)의 아픈 교훈을 주었고, 한 사람은 정면교사(正面敎師)로서 지향점을 제시했다.

정동기 전 감사원장 후보자는 법무법인 '바른'에서 7개월간 7억 원을 받은 사실이 논란이 되어 낙마했다. 이후 청와대는 청문

그래서,

유능한 고위 공직자는
많지만 선비정신에
투철한 청백리는
얼마나 되나?

회가 필수인 법조계 고위직을 임명할 때마다 전관예우 논란을 의식하게 됐다.

대표적인 사례가 권재진 법무부 장관 기용이다. 반대의견이 많았음에도 청와대는 "권재진 외에는 법무장관 감이 모두 로펌에 가 있다"고까지 말하며 임명을 밀어붙였다. 올 2월 대법관에서 물러나 변호사 활동을 쉬었다가 사법부 수장에 오른 양승태 대법원장도 마찬가지다.

한편 김영란 대법관의 서강대 로스쿨 교수 행은 최근 이용훈 전 대법원장의 고려대 로스쿨 석좌교수 영입으로까지 이어졌다. 이홍훈, 김지형 전 대법관도 각각 한양대와 원광대에서 교편을 잡았다. 대법관이 퇴임 후 로펌에 들어가면 1년에 100억 원도 벌 수 있다는 풍조가 서서히 깨지고 있는 것이다.

실로 '김영란 효과'는 반가운 일이 아닐 수 없다. 그녀는 2010년 대법관 자리에서 물러서며 "법복 벗은 후 변호사 개업 안 할 겁니다"라며 "퇴임한 대법관이 다른 일을 하는 모델을 만들면 좋겠다는 생각을 해왔습니다"라고 했다. 그때도 참으로 반가웠는데, 결국 김영란 전 대법관의 행보가 전관예우의 풍토를 개선시키고 있다.

김 전 대법관 퇴임 시 나는 트위터에 다음과 같은 글을 남겼다.

"여성 최초 김영란 대법관 내일 퇴임. 변호사 불개업 선언. 대법관 지낸 변호사는 전관예우 덕에 3년 안에 100억 버는 법조재벌 된다. 포기의 결단에 박수. 박수. 전관예우 풍토 개선의 계기가 되길 열망."

법조계, 관계의 전관예우 풍토는 국가의 정의를 파괴하는 망국적 작태다. 대형 로펌이 장·차관과 고위 법관, 검사 출신들을 떼돈으로 고용해 로비스트로 활용하는 풍토를 방치할 경우, 이 땅의 부정부패는 결코 근절되지 않을 것이다. 앞으로도 김영란 대법관의 선택과 같은 소신 있는 선택이 이어지길 기대한다.

진실을 지키는 사람들이 많은 세상

12월 18일, 일본의 노다 총리가 독도를 일본 고유영토라고 주장하며 외무상을 통해 한국의 독도 영유권 강화에 대해 항의했다. 한일정상회담 뒤 가진 기자회견에서 "겐바 고이치로 외무상이 한국 국회의원의 독도 방문 등에 대해 항의"하며, 한국 정부의 부두 겸 방파제 설치 계획과 관련해 " 다케시마(독도)는 일본의 고유영토로 현재 진행 중인 활동에 항의의 뜻을 전달했다"는 것이다.

과거사를 인정하지 않고 여전히 잔꾀를 부리는 일본에게, 그리고 일본 노다 총리에게 말한다.

"일본은 90년대까지 G2 자리를 유지했지만 21세기 들어 중국에 밀려나고 대지진과 원전사고로 국력이 급속히 위축되었다. 일본의 위기에 새로운 국가 전략 모색이 필요하다. 그 첫째가 바로 인접한 한국, 중국과의 과거사, 영토분쟁 정리다."

그래서,

양심에 따른
용기 있는 행동을 하라.
일본정부는
다케시마 논쟁을
끝내라!

심지어 세계 언론까지도 일본의 과거사 정리를 촉구하고 있는 실정이다. 영국의 유력지 「이코노미스트」는 다음과 같은 보도를 내놓았다.

　"일본은 90년대 이후 국가 지도력 부재로 침몰하고 있다. 한국, 중국 등 인접 국가와의 과거사 문제 해결에 신뢰를 잃고 있어 UN 안보리상임이사국 진입도 불가능하다."

　나아가 독일의 유력지 「쥐트도이체 차이퉁」도 일본의 독도영유권 주장과 관련해 "일본이 과거 한국을 폭력적으로 지배한 사실에 대해 참회하려는 노력을 하지 않고 있다. 한국의 독도에 대한 실효적 지배를 인정해야 한다"고 보도했다. 상황이 이러한데 일본은 대체 언제까지 진실을 외면할 생각인가?

　나아가 일본 내에서도 의미 있는 움직임이 일고 있다. 독도가 일본 영토라는 주장은 역사적 근거가 없다는 내용이 일본인들의 입을 통해 흘러나오고 있는 것이다. 그중에서도 도쿄 교직원 노조의 선언은 우익 세력의 핍박을 각오한 용기 있는 행동이 아닐 수 없다.

　이들은 일본의 독도분쟁에 대해, 역사적으로 볼 때 독도가 일본

3장 새 시대를 이끌어 갈 제3의 세력들

의 영토라는 흔적을 찾아볼 수 없다며 교사용 자료에 "독도를 일본 영토라 말할 수 없다"는 내용을 담았다. 또한 일본의 중학교 지리교과서 4종을 검토하고 "교과서의 기술대로 ' 다케시마는 일본 고유의 영토' ' 한국이 불법 점유하고 있다'는 정부의 일방적인 견해를 학교에서 가르치게 되면 감정적인 내셔널리즘을 학생들에게 심게 된다"고 밝혔다.

특히 " 다케시마는 (중국·러시아와 각각 영유권 분쟁을 겪고 있는) 센카쿠(尖閣) 열도나 북방 영토와는 다르다. 일본 고유의 영토라 말할 수 있는 역사적 근거가 없다"고 지적했으며, 대표적인 우익 교과서인 이쿠호샤(育鵬社) 역사·공민 교과서에 대해서도 "역사를 왜곡하고 헌법을 적대시하고 있기 때문에 학생들의 손에 들어가지 않도록 대응책을 강화해야 한다"는 내용을 자료에 포함시켰다.

이들이야말로 비겁한 지도자들보다 백배 더 현명하고 용기 있는 사람들이 아닐까?

아이들을 가르치는 교사로서 양심과 역사에 의거해 진실을 선언한 이들의 모습은 반드시 길이 역사에 남을 것이다. 이런 이들이 있어 그나마 일본에 희망이 있다는 생각이 든다.

  양심에 따른 용기 있는 행동이 엄숙하고 아름답다. 진실을 쫓고 양심을 지키는 아름다운 사람이 더 많아져야 하는 세상이다.

그래서

",

김민석 의원,
23년 전 그 순수
했던 민주화투쟁의
열정으로 돌아가 양심에
한 점 부끄럼 없는
결단과 처신을 하오.

민주화운동의 별 김민석 군은 어디에

'한 번 해병은 영원한 해병'이다. 하지만 이 땅에서 '한때 정의로운 사람이 영원히 정의로운 경우'는 거의 없다. 스스로 정의로운 삶을 산다고 자부한다면 영원히 정의롭도록 스스로를 담금질해야 한다. 또한 실수와 과오를 인정해야 할 때 이를 인정치 않는 것 역시 정의롭지 않은 것이다.

85년 5월 3일 3박 4일간 서울 시내 소재 5개 대학의 73명이 미국문화원을 기습 점거한 이른바 '미문화원 농성점거사건'이 발생했다. 학생들은 다음의 두 가지에 해명을 요청하며 미국대사와의 면담을 요청했다.
① 80년 5월의 광주항쟁 때 미국이 한국공수부대 투입에 동의했는가? ② 미국이 전두환 군사독재정권의 출범을 지지하는 이유는

무엇인가?

　이후 73명의 학생들은 3박 4일간의 농성을 마치고 자진해서 경찰에 연행되었고, 검찰은 이중에 20명을 국가보안법 위반 등으로 기소했다. 이 사건의 핵심 주동자는 서울대 학생회장이었던 김민석 군과 서울대 물리학과 학생이자 지금은 통합민주당의 당직자가 된 함운경 군, 고려대학교 학생이자 현재 나주시장인 신정훈 군 등이었다.

　이 사건은 전두환 군부정권의 강권통치에 숨죽여오던 학원가에 결정적인 대규모 반정부운동을 불러온 신호탄이 되었고, 이후 학내외 민주화운동에 불길을 당김으로써 87년 6월 항쟁을 이끌어내는 주요 기폭제가 되었다.

　나는 당시 신민당과 민주화추진협의회(공동대표 김대중, 김영삼)의 인권옹호위원장으로서 농성기간 중 학생들과 간접 대화를 나누었고, 구속된 이후에는 변호인 단장으로서 최선을 다하여 변론에 임하였다.

　변론의 방향은 ① 학생들 주장의 정당성 ② 한국 민주화의 당위성 ③ 미국의 전두환 정권 출범 개입의 부당성 등을 법정을 통해 국내·외에 알리는 것이었다.

지금 이 순간에도 김민석 군이 법정에서 추호도 흔들림 없이 당당하고, 논리정연하게 점거농성의 정당성과 군부독재정권의 폭압통치를 비판하던 모습이 떠오른다.

당시 나는 법정에서 변호인이기 전에 '저들이 나의 아들들'이라며 느끼며 그 의연하고 품격 높은 태도에 눈물을 감춘 적이 한두 번이 아니었다.

이후 이 재판은 언론통제 아래서도 국내·외에 널리 알려졌고, 8월 한여름에 20명 전원이 법정 소란 죄로 20일간 서대문 구치소의 징벌방에 감치되기도 했다. 당시 감치 장소는 1.2평의 폐쇄 공간으로서 일체 면회, 운동이 금지된 상황이었다. 그들을 접견할 수 있는 것은 오직 변호인뿐이었다.

나는 변호인 단장으로서 형사소송법이 정한 모든 방어적 공격 수단을 총동원해 재판을 오래 끌기 위해 노력했다. 우선 인하대 교수였던 유영준 교수를 증인으로 내세워 학생들의 주장의 정당성을 증언하도록 했다. 이후 유 교수는 병을 얻어 1년 뒤 세상을 떴는데, 당시의 증언 때문에 정보기관에게 시달리던 과정에서 과음을 하며 병이 악화되어 사망에 이르렀다.

그렇게 재판이 진행되던 중, 결국 전두환 정권은 85년 9월 6일 나와 조순형 의원 등을 고대 앞 시위사건과 연루시켜 집시법 위반으로 체포 기소했고, 내 변호사 업무를 3년 6개월간 정지시켰다.

하지만 나는 변호사 업무 정지 이후에도 이 재판에 참관했고, 그 기록을 『광주에서 양키까지』라는 책으로 출판해 이들의 빛나는 민주화 투쟁을 문서로 남겼다.

당시 내 뇌리에 김민석 군은 순수, 순진, 단호, 열정, 티끌 한 점 없는 애국의 청년으로 남아 있었다.

어느덧 그로부터 23년의 세월이 흘렀다. 강산이 두 번이나 변했을 시간이다. 김민석 군은 김민석 의원으로, 민주당 최고의원으로 세속의 정계에서 승승장구하기 시작했다. 나는 그 끈질겼던 인연만큼 그를 유심히 지켜보고 가슴으로 성원하며, 그가 위대한 정치 지도자가 되기를 기원해왔다.

그리고 민주당 당사에서 정치자금법위반혐의로 구속영장이 발부되고 집행을 거부하며 농성하는 김민석 최고위원의 모습을 TV로 지켜보며 답답하고 안타까웠다.

사건의 자세한 경위는 알 수 없었지만, 없었더라면 좋았을 일이 일어났다는 생각에 가슴이 아팠다.

깊은 사정은 알 수 없지만, 지금도 김민석에게 바란다. 앞으로 살아갈 날이 많은 그가 23년 전의 그 순수했던 민주화투쟁의 열정으로 돌아가 양심에 한 점 부끄럼 없는 결단과 처신으로 앞날을 헤쳐가기를 바란다.

그 한여름 그 지옥 같은 징벌방에서 빠져나와 변호사 접견실로 걸어 들어오면서 환히 웃던 그 얼굴을 나는 오래 잊지 않았고, 앞으로도 잊지 않을 것임을 말해두고 싶다.

그
래
서

,

"그래. 나는 엉금엉금
기어 여기까지 왔어.
뛰지는 못하지만 쉬지
않고 왔어. 결국은
거북이가 이겼잖아."
김병만 화이팅!

꿈이 있는 거북이는 지치지 않는다

　MBC 공채 개그맨 시험 4번 도전, KBS 공채 개그맨 시험 3번 도전, 백제대 방송연예과 3번 도전, 서울예전 연극과 6번 도전, 전주 우석대, 서일대, 명지대 모두 낙방.
　지금은 우리나라 최고 개그맨 중 한 명으로 인정받고 있는 '달인 김병만'의 이력이다. 이 이력은 그가 갖은 고생 끝에 7전 8기를 이뤄냈음을 고스란히 보여주고 있다. 심지어 그는 한때 방송국이 내려다보이는 대방동 옥탑방에서 "나 저기 꼭 들어간다"며 엉엉 울기도 했다. 그렇게 7차례 도전해서 끝내 8번째 도전에서 성공했다. 그 눈물겨운 집념과 노력, 참 멋지지 않은가.

　'꿈이 있는 거북이는 지치지 않는다'는 김병만의 자서전 제목이다. 온몸이 상처투성이가 되도록 피눈물 나게 연습해 청중들에게 함박웃음을 선사하는 사람의 책 제목답다. 언뜻 개그맨의 책이니 재밌는 이야기만 있을 것 같지만, 『꿈이 있는 거북이는 지치지 않는다』는 공적은 있는 대로 부풀리고 과오는 슬쩍 덮어버리는 무수한 정치인들의 자서전보다 페이지 페이지마다 정직한 힘이 스며 있다. 김병만은 이 책 서문에서 책을 낸 이유를 이렇게 밝힌다.

"남보다 많이 배운 것도, 가진 것도, 특별한 것도 없는 사람이 코미디의 한 장면을 위해서 어떻게 참고, 극복하고, 노력해 왔는지 그 과정을 얘기하기로 마음을 먹었습니다."

이것이야말로 그가 단 5분의 출연만으로도 사람들을 진심으로 웃고 감동하게 만들 수 있었던 힘일 것이다. 지금 이 순간에도 많은 이들이 그의 개그를 통해 정직한 땀과 열정을 느끼고 있지 않은가.

김병만이 이끌었던 개그콘서트의 「달인」 코너는 무려 3년 11개월이란 긴 여정 동안 롱런했다. 사람들이 '키 159센티미터의 작은 거인 김병만'에게 열광하고 환호한 이유도 바로 그 지치지 않고 정진하는 '달인 정신' 때문이었다. 그가 새로운 코너에서는 또 어떤 멋진 모습을 보여줄지 기대된다.

  그동안 허탈한 웃음만 지었던 상처 입은 우리 마음을 후련하게 해준 달인, 수고 많았습니다. 당신의 눈물겨운 집념과 노력에 큰 박수를 보냅니다.

4장

준비된

정치인, 준비된 혁명

그래서,

대한민국도 이제
선거를 통한
'재스민 혁명'을
일으켜야 한다!

튀니지에 핀 재스민 혁명

 대학을 다니고도 일자리를 구하지 못하고 길거리 손수레에 야채를 팔던 스물여섯 살의 가난한 청년 모하메드 부아지지가 관청 앞에서 온몸을 불살랐다.
 한 달 수입 1백 50달러도 안 되는 부아지지에게는 어머니와 여동생 등 여덟 식구가 있었고, 그는 이들의 생계를 고스란히 자신의 어깨 위에 짊어지고 있었다. 그랬던 부아지지가 어째서 스스로 몸을 불사른 것일까? 무엇이 이 청년의 꿈을 앗아간 걸까?

 부아지지는 살아오면서 큰 걸 욕심내지 않았다. 그가 가진 유일한 소망은 야채 파는 손수레를 소형 트럭으로 바꾸는 것이었다. 그리고 사건은 경찰이 허가가 없다면서 부아지지의 야채와 저울을 몰수하면서 시작됐다. 부패한 경찰은 물건을 뺏은 것도 모자라

폭력까지 행사했다. 이런 일이 한두 차례 일어난 것도 아니었다.

결국 절망과 분노에 휩싸인 부아지지는 경찰의 부당함에 항의하기 위해 관청으로 가 휘발유를 둘러쓰고 몸을 불태워 숯덩이가 된 채 간신히 목숨만 건졌다.

이후 관청 앞에서는 매일같이 그의 가족과 지인들이 찾아와 항의시위를 벌였다. 그리고 부아지지의 사촌이 이 광경을 촬영해 페이스북에 올리면서 부아지지의 죽음과 그 내막에 대한 이야기가 전 세계로 확산되었다. 일이 커지자 대통령 벤 알리가 직접 부아지지가 입원한 병원을 찾아 위문을 하기도 했다.

그러나 많은 사람들의 지지와 위로에도 불구하고 2011년 1월 4일, 부아지지는 끝내 사망했다. 다음날 장례식이 끝나자 심상치 않은 움직임이 일었다. 수많은 사람들이 관청으로 몰려가 항의하기 시작한 것이다. 그러나 조금도 반성의 기미가 없는 경찰들이 시위대를 무력으로 저지하면서 이 시위는 결국 튀니지 전국으로 확산되었다.

이것이 바로 튀니지 재스민 혁명의 시작이다. 높은 실업률과 물가상승 등으로 분노와 절망에 휩싸인 튀니지 민중이 부패와 비리의 온상 알리 정권에 저항해 불길처럼 들고 일어난 것이다.

약 10여 일 동안 튀니지 전역에서 차, 은행, 경찰서 등 청사의 방화와 습격이 일어났고, 화염병과 최루탄이 오고갔다. 또한 경찰이 시위대에게 가한 위협사격으로 4명이 사망하는 등, 수십 명의 사망자가 발생했다. 결국 1월 14일, 23년간 집권했던 독재자 벤 알리는 국가비상사태를 선포하고 정부 해산을 발표한 뒤 사우디아라비아로 망명했다.

그러나 이 혁명의 파급은 여기서 멈추지 않았다. 시민이 봉기해 23년간 집권한 썩은 정권을 흔들고, 지도층을 교체시키는 것을 본 주변국에서도 시위가 촉발되었다.

튀니지에서 시작된 움직임이 이집트, 리비아 등으로 번져나가 '아랍의 봄'이라 불리는 아랍 민주화 운동의 물결을 일으킨 것이다. 결국 튀니지 혁명에 이어 리비아 혁명에서도 42년 동안 이어진 독재자 카다피 정권이 무너졌다.

지금도 아랍의 민주화 운동은 진행 중이다. 리비아 민중은 군부 세력이 민주화를 요구하는 시위를 무력으로 탄압하고 저격수들이 박격포로 시위대를 공격해 200명이 사망하는 비극 속에서도 끝내

독재자 카다피를 끌어내렸다. 그 무서운 박격포로도 국민이 지도자를 선택할 자유, 국민이 가진 소중한 권리를 제압하지 못한 것이다. 당연한 결과다.

튀니지의 혁명은 이후 튀니지의 국화 재스민에 빗대어 '재스민 혁명'이라고 불리기 시작했다. 그리고 낙후한 작은 마을의 가난한 청년으로부터 시작된 이 재스민 혁명은 중동 및 북아프리카에서도 피어났고, 중국에서 반정부시위가 일어났을 때도 시위대는 이를 모리화(茉莉花) 혁명이라 부르며 추도했다.

이제 형식과 절차적 민주주의는 완성되었을지 몰라도 민주주의의 내용, 콘텐츠는 채우지 못한 대한민국에서도 총과 칼이 아닌 선거를 통한 '재스민 혁명'이 필요할 때다.

후스와 루터

나는 "나 혼자라도 야당하겠다"는 마음으로 정치를 시작했다. 돌이켜보면 대한민국 정치에서 '흥정하지 않는 정치'라는 소신을 지키는 것은 결코 쉽지 않은 일이다.

자유당 시절에 청년기를 보냈던 나는 그 시기의 청년들이 그랬듯이 정치에 관심이 많았다. 또한 3선 의원의 사무장으로 일했던 선친의 영향을 받아 정치는 '머리가 아닌 몸으로 움직이는 것'이라는 생각이 강했던 듯하다. 이후 대학에 들어가서도 직선 학생회장으로 선출되어 다양한 정치활동에 관심을 가지는 등 자유당의 억압이라는 시대적 배경은 자연스레 내 가슴에 불길을 심어놓았다.

고등학교에 올라가면서부터는 자연스레 신문을 열심히 읽었는

그래서,

유전무죄, 유권 무죄가
사라지는 그날을
위해…
정치인도 변호사도
아닌 개혁가로
남고 싶다.

데, 경기고 2학년 때 신문에 압축 연재된 미국의 존 F. 케네디 상원의원이 미국 의원들에 관해 쓴 『용기 있는 사람들』 전편을 아주 재밌게 읽었던 기억이 있다. 그중에서도 태프트 의원의 이야기를 소개한 편은 대단히 인상적이었다.

그 편에서는 태프트 의원이 나치 전범을 처벌하기 위한 소급법에 반대했던 내용이 담겨 있었다. 나치가 아무리 밉다 해도 소급 입법은 미국의 가치에 반하는 일이라는 것이다.

이 의견으로 반발을 산 태프트 의원은 결국 대통령이 되지 못했지만, 어린 마음에 그의 소신 있는 행동이 정말로 멋지게 느껴졌다. 당시 우리 세대는 이승만의 자유당에 반대하는 것이야말로 진정한 자유라고 생각했다. 그러니 어린 내 마음에 자유당인 여당에 맞서는 야당 국회의원이 되겠다는 생각이 자리 잡은 것도 자연스러운 과정이었으리라.

그러나 현실은 녹록치 못했다. 처음 정치에 뜻을 품었을 때와 달리 나는 야당 의원으로 정치에 입문하지 못했다. 당시에는 무엇보다 중요했던 인간관계의 연 때문이었다. 그럼에도 나는 이후 나름대로 소신 있는 정치인으로 살기 위해 노력하고 긴장해왔다고

4장 준비된 정치인, 준비된 혁명

자부한다. 나는 1971년 제8대 국회의원 선거에서 여당인 민주공화당 후보로서 김영삼 후보와 격돌했을 때 부산 서구에서 이런 말을 했다.

"정권은 평화적으로 교체돼야 합니다. 여야가 순리에 맞게 교체돼야 합니다. 공화당이 야당 해야 할 때 야당 안 하려고 하면 나 혼자라도 야당 하겠습니다."

결과는 낙선이었다. 하지만 유신선포로 도입된 중선거구제 덕분에 제9대 국회의원 선거에서는 국회에 진출할 수 있었다. 이를 유신 협조라며 비판하는 이도 있다는 것을 안다. 하지만 당시에는 유신을 반대하면 공천을 포기해야 하는 상황이었고, 나는 일단 국회에 들어가야 바른 소리도 할 수 있다고 생각했다.

또한 나 역시 이 점을 안타까워했지만, 그 이후에는 부끄럽지 않은 국회의원으로서 내 소신을 굽히지 않기 위해 노력했고, 덕분에 '여당 안의 야당' 이라는 별칭도 얻을 수 있었다.

박정희 대통령 서거 후 공화당에 위기가 닥쳤을 때, 나는 당 쇄신을 위한 정풍(整風)운동을 주도하다가 당에서 제명되었다. 정치규제 대상에 포함돼 총선에도 출마하지 못했다. 이후에는 신한민주당 후보로서 인권 관련 업무를 진두지휘했고, 박종철 군 사망 사건이 고문 사건이었음을 밝히는 데도 앞장섰다. 이후 김영삼, 김대중의 분열 위기때는 두 야당 지도자의 대통령 후보 단일화를 위해 삭발을 하기도 했다. 야권 후보 단일화, 야당 통합이야말로 선거를 통해 독재정치를 끝내는 중요한 결단이라고 생각했기 때문이다.

그렇게 적지 않은 정치 경력을 겪어오면서 나는 '미스터 클린'이라는 긍정적 이미지와 '독불장군'이라는 부정적 이미지를 동시에 얻었다. 국민들의 지지도 많이 받았다. 정치인으로서는 파격적으로 '무균질 우유' 광고에 등장할 정도였으니 민심은 확실히 얻었던 듯하다.

그러나 이후 정치 행보에서도 어려움이 있었다. 1996년 신한국당에 입당한 뒤 대통령 후보 여론조사에서 부동의 1위를 달렸음에도 정작 당심을 얻지 못해 경선 직전에 후보를 사퇴하게 된 것이다.

어린 시절 꿈꾸었던 것만큼 완벽한 길을 걷지는 못했으나, 그럼에도 내게는 14대 대통령 선거를 끝으로 국회를 떠나기까지 한 번도 자리를 놓고 김영삼·김대중 전 대통령과 흥정하지 않았다는 자부심이 있다. 깨끗한 정치라는 소신을 지키려고 발언하고 행동한 결과이며 이를, 자랑스럽게 생각한다.

그리고 지금 나는 국회 밖에 있다. 국회를 떠난 후에야 나는 더 깊이 국민의 눈으로 정치를 바라보게 되었다. 고쳐야 할 것들이 얼마나 많은지를 뼈저리게 느끼며 살아간다. 또한 진리와 진실이 오히려 뒷걸음질 치는 이 거꾸로 된 세상에서 해야 할 일이 무엇인지를 알아가고 있다.

유명한 종교인으로서 가톨릭을 개혁한 루터를 기억하는가. 아마 그의 이름을 모르는 사람은 없을 것이다. 그러나 그의 시대 100년 전 같은 목소리로 종교개혁을 외치다가 화형당한 또 한 사람의 종교개혁가 후스를 기억하는 사람은 많지 않다. 그는 화형을 당하기 직전에 이렇게 소리쳤다.

"나는 이제 '거위'와 같이 불에 타 죽지만 앞으로 '백조'와 같은 인물이 내 뒤를 이으리라."

이후 100년 뒤 마르틴 루터가 등장했을 때, 사람들은 후스가 말한 '백조'가 나타났다고 믿어 그를 '백조'라고 불렀다고 한다. 또한 많은 이들이 루터 역시 후스가 당했던 운명을 피해가지 못하리라 믿었다.

그러나 루터는 결국 종교개혁에 승리했다. 만일 100년 전의 후스가 없었더라면 그의 시도는 그만큼의 파급력을 가지지 못했을지도 모른다.

루터의 종교개혁의 원조가 된 후스가 강조했던 것은 어쩌면 단순한 것이었다. 바로 진리의 추구였다. 그는 "크리스천들이여! 진리를 찾으라. 진리에 귀를 기울이라. 진리를 배우라. 진리를 사랑하라. 진리를 말하고, 죽음을 두려워 말고, 진리를 사수하라"고 설파했고, 그로 인해 목숨을 잃었음에도 종교개혁의 시작이 되었다.

돌이켜보면 나는 루터보다는 후스에 가까운 사람이 아니었을까 생각한다. 누가 크게 알아주지 않아도 진실을 밝히는 것이면 된다는 생각으로 어두운 길을 건너왔다. 또한 그 시작이 미약할지라도, 앞으로 긴 세월을 지나면 '흥정 없는 정치'의 소신이 얼마나 귀한 것인지를 많은 정치인들과 국민들이 알게 되리라 믿었다.

이제 나는 후스가 시작한 종교개혁을 이뤄낸 루터의 길을 걸어

4장 준비된 정치인, 준비된 혁명

보려고 한다. 진리와 정의를 외치다 쓰러지는 것이 아니라, 그것을 제도적으로 정착시켜 보다 힘 있는 전진을 이뤄내는 것이 지금 내 목표이다.

유전무죄 유권무죄가 사라지는 날을 위해, 정의가 살아 있는 세상을 위해, 아직 나에게는 가야 할 길이 많이 남았다.

일만 잘하는 대통령은 필요 없다

적지 않은 이들이 CEO와 대통령을 혼동하는 세상이다. CEO 출신이 대통령이 된 시대의 숙명이기도 하겠지만, 대통령은 일 잘하는 CEO 이상으로 책무가 무거운 자리인 만큼 CEO 업무 이상의 가치를 국가원수의 자리에 부여해야 한다.

최근 한미 FTA에 대한 반대여론이 뜨겁다. 물론 정부와 대통령은 이 같은 반대여론을 물대포를 쏘아 막으려다 빈축을 사고, 중요한 시기마다 밀실협상과 날치기 통과로 일관하고 있다. 소통을 말하는 국민에게 불통으로 답하고 있는 셈이다.

이는 회사의 이익을 위해서는 성과를 내야 한다는 CEO식의 집착이 만들어낸 결과가 아닐까 한다. 하지만 CEO의 실용이 회사의 성과라면, 국가원수의 실용은 국익과 국민을 위한 것이어야 한다.

4장 준비된 정치인, 준비된 혁명

그래서 ";"

지도자들은 다른 나라와의 정상회담 등에서 으레 거짓말을 한다. 하지만 자기 국민에게 하는 거짓말이 훨씬 많다.

그런데 정작 국민은 이득이 없다고 판단한 사안을 어째서 대통령은 밀어붙이는가?

　한미 FTA 파동의 근원을, 반대파의 정치술수로만 이해하지 말고, 자신의 CEO적 직무태도를 국민 통합적 차원에서 재검토하여 대국민 신뢰를 회복할 필요가 있다. 또한 이번 협약을 국제법상 사정변경의 원칙에 따라 파기하고 재협상을 결단해야 한다.

　사실 비단 한미 FTA가 아니라도 이전의 소고기 광우병 파동 때도 이 대통령은 비슷한 행보를 걸어왔다. 반대의견은 아예 듣지도 않고 언론 입 틀어막기에 바빴다. 하지만 정부가 2008. 4. 18 미국 정부와 체결된 쇠고기 수입협약은 ① 광우병이 발생해도 수입 중단조치를 위한 절차 규정이 없고 ② 도축검사에서 불합격한 30개월 미만 소의 동물성 사료 금시 소항이 한국정부의 착오 또는 무지(無知)로 포함되지 않았다. 이처럼 협약의 중요한 요소가 누락된 것은 국제법상 '사정변경의 원칙'이 적용될 수 있는 만큼 협약 파기, 재협상의 절차를 밟아야 마땅했다.

　또한 2008년 4월 19일 이 대통령과 부시 대통령과의 정상회담 하루 전인 4월 18일에 쇠고기 협정을 타결시킨 것도 대통령의 밀

4장 준비된 정치인, 준비된 혁명

어붙이기식 강행 때문이었다.

　이명박 대통령은 오랜 세월 동안 건설회사의 CEO로 일했다. 한국 기업 풍토에서 CEO는 자신의 책임 아래 업무상의 목표를 기필코 달성해야 하며, 회사원은 그의 지시, 명령에 복종하며 시키는 대로 잘하면 최고의 사원이 된다.
　상황이 이렇다 보니 CEO는 실적이 쌓일수록 어떤 문제든 해결해낼 수 있다는 자신감을 넘어 오만해지고, 이익·이윤의 극대치를 달성하는 것이 능력의 평가 기준이 된다. CEO에게 밀어 붙이기는 당연한 미덕이다.

　그러나 국가원수는 다르다. 대통령은 결코 CEO적 사고와 실행 방법으로 직무를 행해서는 안 된다. 대통령은 국민적 합의와 동의 아래 국가 시책을 결정하고 집행해야 하며, 특히 국민의 건강, 생명에 직결되는 일에는 더욱 세심한 배려를 해야 한다.
　국민은 회사원이 아니다. 국민은 CEO에 의한 지시, 명령의 대상이 아니다. 국민은 나라의 주인이며(헌법1조2항) 대통령은 국민으로부터 권력을 위임받아, 국민을 위해 봉사하는 심부름

꾼이다.

 그럼에도 이 대통령은 국가원수와 CEO의 직무의 차이를 명확히 인식하지 못하고 있다. 한미 정상회담 날짜에 맞춰 성과를 내기 위해 밀어붙인 쇠고기 협정도, 밀실 날치기로 통과시킨 한미 FTA도 모두가 CEO적 사고의 극치를 보여준다.

 이제 이명박 대통령은 국가원수의 심성(心性)을 재확립하고 그에 따라 재협상을 결단해야 한다. 성과에 집착한 실용은 실용이 아니며, 국익과 국민을 위한 실용이 진짜 실용임을 깨달아야 한다. 이제 더 이상 국민들에게 일만 잘하는 대통령은 필요 없다. 이 대통령은 일을 밀어붙이는 것에 앞서 '어떻게 일해야 하는지'를 처음부터 다시 배워야 한다.

 일 잘하고, 말 잘 듣는 '강부사 내각과 비서실'을 꾸렸던 과시에서도 알 수 있듯이 그는 자신의 밀어 붙이기에 제동을 걸거나, 반대할 만한 사람을 곁에 두지 않았다. 그렇게 한쪽 눈만 열려 있으니 민심도 읽지 못할 수밖에 없다. 또한 그것이 촛불시위를 부추기고 조직화시켰으니, 그 빌미를 제공하고 확대시킨 책임은 이 대통령 자신에게 있음을 깨달아야 한다.

4장 준비된 정치인, 준비된 혁명

최근 내곡동 사저 부지와 관련한 온갖 의혹들이 난무했을 때, 이 대통령이 미국의 한 동포간담회에 가서 이렇게 말했다.

"우리나라는 시끄러운 나라다. 국내 신문을 보면 시커먼 것으로 매일 나온다."

참으로 놀라운 발언이다. 신문을 시커멓게 도배한 핵심 장본인은 누구인가. 부인 김윤옥 여사는 "매일 욕하는 것 신경 쓰면 아무 일 못하고, 내가 설 자리가 없어지기 때문에 인터넷에서 뭐라 그러면 저는 무조건 패스다"라고 말했다는데, 참으로 대단하다는 생각도 든다. 쓴 소리를 튕겨내는 재주가 참 많은 청와대.

심지어 청와대가 지난 시기 해왔던 패널과의 대담, 재래시장 깜짝 방문 등을 보자. 그것들은 소통이라기보다는 일방적인 홍보에 불과했다. 1백 명이 넘는 기자들 앞에서 연설만 하고 회견은 생략하는 일도 있었다. 화려한 수식어로 치장된 연설문으로 국민과 소통이 가능하리라 보는가? 진정한 소통은 국정 현안에 대한 무제한 질문에 대답하는 기자회견이다. 그런데도 이 대통령은 취임 이후 단 한 번도 기자회견을 연 적이 없다. 대체 무엇이 두려운가?

한미 FTA 건도 마찬가지다. 대통령은 비준 서명 전에 직접 나서서 국민과 소통하고 납득시켜야 했다.

 10·26 재보궐 선거 이후, 이명박 대통령이 젊은 층과의 소통 강화를 지시한 결과 국민소통비서관실과 '세대공감 회의'가 설치됐다고 한다. 이미 늦은 감이 있을뿐더러, 기관과 시설을 만드는 것이 소통이라는 법도 없다.
 '소통에서 가장 큰 문제는 소통했다는 착각이다.'
 조지 버나드쇼가 남긴 이 말을 이명박 대통령에게 전하고 싶다.

그래서,

"부패는 대통령도
막지 못한다?
대통령직 도전자들은
모든 공약에 앞서
부패추방
방안부터 밝혀라!"

부패 척결, 어떻게 할 것인가

2011년 12월 1일, 국제투명성기구가 발표한 부패지수에 의하면 대한민국의 올해 부패지수는 10점 만점에 5.4점으로, 조사국가 183개국 중 43위였다. 2010년과 비교하면 부패지수는 동일하지만 순위는 4단계 하락했다.

한국의 부패지수는 OECD 국가 34개국 중에서는 27위이며, 2008년 이명박 대통령 취임 이후로 매년 정체 혹은 추락을 거듭하고 있다.

여기에는 하루가 멀다 하고 터지는 고위공직자들의 대형비리가 한몫 했는데, 특히 근래 대통령 최측근 비리가 줄줄이 드러나 다시 한 번 국민이 분노하고 있다.

은진수 전 감사원 감사위원, 홍상표 전 청와대 홍보수석, 김해

수 한국건설관리공사 사장, 김두우 전 청와대 홍보수석, 신재민 전 문화관광부 차관 등이 그 주역이다.

대통령이 "우리 정권은 돈 안 받는 선거를 통해 탄생한 특성을 생각해야 한다"면서 "도덕적으로 완벽한 정권이므로 조그마한 허점도 남기면 안 된다"고 말했던 게 바로 엊그제 같다.

그런데 아무리 둘러봐도 성한 구석이 없다. 그럴 만한 자리에서는 이때다 싶어 돈 빨아들이고, 눈보라 일 듯이 돈다발이 흩뿌려진다. 실로 썩고 곪지 않은 데가 없다. 이런 심각한 부패정국 속에서도 "도덕적으로 완벽한 정권"이라고 말할 수 있다니 그 용기가 대단하다. 부패척결은 대통령과 핵심 측근, 고위공직자들의 청렴, 정직, 신뢰 위에서만 가능한데, 지금 돌아가는 형국을 보면 한숨만 나올 뿐이다.

더 큰 문제는 고위직의 부패가 국민의식 속에서도 부패를 용납하는 기제를 형성하고 있다는 점이다. 언젠가 실시한 중고등학생들의 부패의식 조사에서 "10억 원을 한 번에 줄 수 있다면 몇 년간 감옥살이도 선택할 수 있다"고 응답한 비율이 30퍼센트를 넘었다. 권력형 부패가 국민의 정신까지 좀먹고, 사기를 떨어뜨리고 있는 것이다. 이것이 길어지면 나라는 결국 망국으로 갈 수밖에 없다.

　고려와 조선 망국의 직접적 원인은 부패였다. 모택동의 공산정권과 경쟁한 장개석 국민정권의 몰락과 아르헨티나를 비롯한 중진국들의 선진국 진입 실패 모두 국가적 부패에 원인이 있었음을 기억해야 한다.

　그렇다면 부패척결은 어떻게 할 것인가? 거기에는 세 가지 결단이 필요하다.

　첫째, 정치개혁으로는 현행 여의도식 정치를 개혁해야 한다. 국가적 부패척결의 출발점은 대통령, 국회의원, 지방자치기관, 정당 등의 통치기관이 정당한 헌법 절차를 통해 세워지고 권력을 부여받는 것이다.

　① 한국정치 만악(萬惡)의 근원은 정당 부패이다. 소수기득권 지배자들이 국회의원후보, 지방자치기관후보의 공천권을 틀어쥠으로써 국회의원 자율권을 빼앗고 지방자치를 당치(黨治)로 변질

시켜 지역 부패의 온상이 되고 있는 것이다. 따라서 공천 제도를 개혁해야 한다.

② 진성당원이 지극히 미미한 제도권 정당에게는 국고보조금을 폐지하고 법정 당원의 요건을 강화해 정당 독재를 깨고 원내정당화해야 한다.

③ 국회의원 정수를 200명으로 축소하고 감사원 기능의 국회이관과 조사청문회 활동을 강화해야 한다. 지방자치단체의 의원과 단체장에 대한 정당 공천도 폐지해야 한다. 통치권력의 정당성 회복을 위한 1단계 조치는 바로 이 같은 조치다. 정치권의 결단 없이는 부패척결의 시동을 걸 수 없다.

둘째, 국가사정기관도 개혁해야 한다.

① 검찰의 중립화를 이루고 내부감찰제도를 강화할 필요가 있다. 즉 검찰은 정권교체와 관계없이 정치적 중립성을 보장받아야 하는 것이다. 검찰을 대법원에 소속시킨 이탈리아의 사례를 참고해야 할 것이다. 정치적 중립 보장과 동시에 내부감찰을 투명, 공정한 제도로 강화해야 한다.

② 법관의 독립성과 양심을 강화하기 위해 임기제와 승진 제도

를 개혁해야 한다. 법관 인사에 상급기관의 영향력을 배제해야 독립성과 양심 재판이 보장될 수 있다. 임기제와 재임명 절차, 승진 보직제도가 중립, 투명하게 이루어질 수도 있도록 제도를 개혁해야 한다.

셋째, 국민감시제를 채택하고 의식개혁을 결단해야 한다. 국가 사정기관(법원, 검찰, 경찰)에 대한 국민모니터링 제도를 도입해 직무 집행의 공정성을 강화해야 한다. 국민의 부패바이러스 오염을 제거하기 위한 일대 국민의식 개혁운동을 전개해야 한다.

우월한 장비와 병력에도 장개석의 군대가 모택동의 팔로군에게 패배하고 대만으로 쫓겨난 직접적인 원인은 부패였다.
이처럼 역사는 부패야말로 체제와 정권의 패망과 위기를 가져온다고 가르치고 있다. 이 역사들에서 교훈을 얻지 못한다면, 그 나라는 부패의 수렁으로 빠져들게 될 것이다.

그래서 ','

은행을 털어야만
처벌 받나?
망 본 사람도
처벌 받는 것 아닌가!

BBK 사건, 아직 끝나지 않았다!

단언컨대 BBK 사건은 아직 끝나지 않았다. 12월 김경준 씨가 '기획 입국설'의 근거가 된 가짜 편지를 작성한 신 씨 형제를 옥중 고소했다.

또한 "BBK 실소유주가 이명박 당시 한나라당 후보라고 말한 것은 거짓말이다"라고 한 에리카 김의 발언도 의미심장하다. 아직 마무리되지 않은 사건인 만큼 이렇게 저렇게 계속 살아 꿈틀대는 것이다.

하지만 아무리 사건 향방이 오락가락하는 듯 보여도, BBK 사건의 본원적 사실은 변하지는 않는다. 유죄가 무죄가 되거나, 있었던 사실이 없어지지는 않는 것이다.

BBK 사건은 이명박 대통령이 당선되기 훨씬 전에 벌어진 일이다. 당시 김경준과 이명박이 합의해서 회사를 설립했는데, 그것이 이명박과 전혀 관계가 없다는 건 애초에 논리에 맞지 않는다.

내가 김경준 씨의 변론을 맡았을 때 일이다. 'BBK 주인은 이명박'임을 증거로 보여주는 동영상까지 나왔음에도 이명박 대통령 후보는 무혐의로 결론 났고, 김경준 씨는 주가 조작과 이 후보에 대한 허위사실 공표 혐의로 징역 8년과 벌금 1백억 원을 선고받았다. 나아가 검찰은 이 후보에 관한 모든 혐의를 기타 정치적 이해를 노리는 이명박 반대 세력의 중상모략으로 몰아갔다.

특검은 이 후보에 대해 "그는 BBK 사건과 관련된 일체의 횡령, 사기 등 모든 것과 관련해 김경준의 공범이 아니다, 그래서 혐의가 없다"는 결론을 내렸다. 말 그대로 상식을 벗어난 졸속수사, 불완전 수사의 결과였다.

이 결론이 부당하다는 것을 증명하기 위해 몇 가지 예를 들어보도록 하겠다. 하나는 이장춘 전 외무부대사와 관련된 증거다.

이 대사는 당선 전부터 이명박 대통령과 친분이 깊었다. 그리고 사건 발생 훨씬 전 이 대통령을 사무실에서 만났는데 그가 "나 요새 이런 것 한다"며 BBK 회장 명함을 주었다고 한다. 그리고 이것이 문제가 되어 이 대사는 이 명함을 특검에 제출했다. 그러자 당시 이명박 대선 캠프의 박형준 의원과 나경원 대변인은 "사무실에 있는 것을 이장춘이 훔쳐갔다"고 밝혔다.

 미국에 있던 이장춘 전 대사는 격분해서 내게 연락을 해왔다. 상황이 이렇게 됐는데 어떻게 하면 좋겠냐는 것이었다. 나는 귀국을 권했고, 이 전 대사는 특검으로 직접 향해 "절도한 것이 아니다"라고 분명히 밝혔다. 그런데 특검은 이 중요한 사실을 묵살해버렸다.

 둘째, MB의 큰형님과 얼마 전 작고한 처남 김재정 씨, 이상은 씨가 50 대 50으로 소유하고 있는 회사 다스가 약 2백억 원을 BBK에 투자했다는 사실이 밝혀졌다. 그런데 이 투자 과정에 대한 양측 진술이 다르다.

 특검은 두 사람이 '다스의 김 모 사장(김경준)이 신 금융기법을 익혀 펀드자금을 잘 굴린다는 소문을 듣고 투자했다'는 진술을 인정하면서, "MB는 영향력을 행사한 적이 없다, MB는 관계가 없다"고 발표했다.

 하지만 김경준 씨 진술은 다르다. 김경준 씨에 의하면 그는 '경주에 가서 다스 공장을 한번 보고 오라'는 MB의 권유를 받고 다

4장 준비된 정치인, 준비된 혁명

스 공장에 다녀왔는데, 그 이틀 후 돈이 입금됐다고 밝히고 있다.

셋째, 동방생명 빌딩에 BBK 사무실을 얻을 때도 마찬가지다. 김경준 씨 혼자 담당부장에게 사무실 임차상담을 했을 때는 담당자가 몇 가지 질문 후에 자격이 안 된다며 임차를 거절했다. 그래서 김경준 씨는 당시 워싱턴에 체류 중이던 MB에게 전화를 해서 사실을 말했다. 그러자 MB는 껄껄 웃으며 기다려보라고 답했다. 그 이틀 뒤 김 씨가 상담을 했던 부장에게 전화가 와서 찾아갔더니 "지난번엔 미안했다, 사무실 주겠다"고 했다는 것이다. 그렇다면 이 사무실은 과연 누가 얻은 것인가?

뿐만 아니라 이외에도 BBK와 MB와의 관련을 증명하는 사실은 무수하다. 그럼에도 특검은 '실제로 펀드를 한 것은 누구이며, 사무실 계약을 한 것은 누구' 식으로 김경준 씨에게만 혐의를 몰았다. 당시 나는 "김경준 씨 배후에 MB 측근이 모두 부회장으로 들어와 있었으니 공모공동정범의 단위로 인정할 수 있다"고 주장한 바 있다.

그리고 정호용 특검을 만나 세 차례나 이 주장을 전했지만 아무

소용이 없었다. 결국 정호영 특검이 발표가 있던 날, 나는 기자들 앞에서 이런 말을 남겼다.

"오늘 이 특검의 발표는 반드시 후일 역사적으로 이 특검을 특검할 날이 와야 한다. 나는 올 것이라고 확신한다!"

지금도 나는 정호용 특검을 특검하는 날이 반드시 올 것이라고 확신한다.

4장 준비된 정치인, 준비된 혁명

그래서,

"약한 자들을 위한 삶을 살다 간 예수를 닮으려고 사제가 됐으나, 수십 년이 흘러 귀족이 되어 있는 나를 발견하고 부끄러워 한다."

김수환 추기경을 회상하며

1986년 9월, 대학교 2학기 개강을 앞두고 학내 반정부 투쟁을 원천봉쇄하기 위한 유례없는 초강경 대책이 마련되기 시작됐다. 전두환 정권의 학원안정법이다. 이는 학원 내에 경찰은 물론 군대까지 투입해 대통령직선제 개헌, 정권퇴진 등 반정부 활동을 일체 봉쇄하려는 의도였다.

당시 야당인 신민당(총재 이민우, 고문 김영삼, 김대중)은 이 법의 입법 반대 입장을 대변인 성명으로 발표하고, 8월 13일 정무회의에서 학원안정법 반대 투쟁을 결의했다.

당시 나는 정무위원 겸 인권옹호위원장을 맡고 있었는데, 회의 직후 이민우 총재에게 한 가지 사실을 건의했다. 김수환 추기경과의 회동이 곧 있을 텐데, 김 추기경은 분명히 학원안정법을 반대

할 것이니 두 분이 공동기자회견 형식으로 동법 제정 포기를 정부에 요구하는 것이 어떻겠냐는 제안이었다. 이 총재는 그 건의를 받아들였고 나는 곧바로 김 추기경에게 달려갔다. 회동 일시를 조정하기 위해서였다.

그 길로 명동성당 추기경 집무실을 찾아간 시간이 오전 11시가 채 안 된 무렵이었다. 나는 추기경을 뵙고 학원안정법을 제정하려는 정부 의도와 입법취지를 설명하고 신민당은 반대하고 있는데, 추기경께서도 입법을 반대하신다면 이 총재와 공동으로 입장을 표명해달라고 방문 목적을 말씀드렸다. 그러자 추기경께서는 비서 신부를 불러 그날과 다음 날 일정을 물으시더니 이렇게 답했다.

"내일 오후라야 시간이 날 것 같네요."

나는 일분일초가 급한 일이니 서둘러 달라고 재차 요청했다. 그러자 추기경께서는 "그래, 그럼 서둘러야지" 하시며 그날 오후 3시로 예약된 면담 일정을 취소하고 그 시간에 이 총재를 모셔오라고 하셨다.

그날 오후 3시, 추기경 집무실에서 이 총재와 김 추기경의 면담

이 이루어졌다. 두 사람은 학원안정법이 제정되면 대한민국이 국제사회에서 병영국가로 지탄받게 되고, 민주화 일정은 더욱 암담해진다는 데 의견의 일치를 보았다.

또한 면담 중에도 김 추기경과 이 총재는 군사정권의 횡포와 포악성에 개탄을 금치 못했으며, 민주화를 위한 국민적 열망을 어떻게 성취시켜 갈 것인지 폭넓은 의견을 교환했다. 면담 후 두 사람은 주교관 현관에서 대기하던 사진기자들에게 포즈를 취해 주고 면담 요지는 별도로 내가 브리핑했다.

이 공동성명의 결과는 예상한 대로였다. 김 추기경은 정부가 제정하려던 학원안정법을 최초로 '대학 병영화'라고 지적했고, 이처럼 정부 의도를 '병영화'라는 말로 압축, 비판함으로써 정부가 더 이상 입법을 추진할 수 없게 만들었다.

이틀 후, 정부는 공식적으로 학원안정법 제정 포기를 표명했다. 야당 투쟁을 결정적으로 지지한 추기경의 위광이 폭주하던 전두환 정권의 예봉을 꺾는 계기가 된 것이다.

하지만 개인적으로 나는 이 면담으로 전두환 정권의 미움을 단단히 샀다. 내가 가톨릭 신자이니, 이 총재와 김 추기경의 면담을

4장 준비된 정치인, 준비된 혁명

주도적으로 추진했다고 판단한 것이다.

당시 나는 조순형 의원 등과 85년 9월 이른바 고대 앞 시위사건과 관련해 집시법 위반으로 기소되어 재판이 진행 중이었고, 변호사 업무도 정지된 상태였다. 그리고 안기부가 노골적으로 법원을 압박해 이 면담 사건 이후 재판 속도가 빨라졌다.

그로부터 오랜 시간이 흐른 1999년 10월, 방문연구원으로 있던 일본 도쿄의 게이오 대학에서 한국경제의 미래에 관한 두 권의 책을 출간했던 무렵이었다. 교수 연구동 휴게실에서 서울에서 보내온 국내신문들을 훑어볼 때였다. 인사 동정란에 김수환 추기경께서 『강론집』을 출판했다는 소개와 서문 일부가 실려 있었다. 그 기사 일부가 가슴을 파고들었다.

"나는 가난하고 소외되고 약한 자들을 위한 삶을 살다 간 예수를 닮아가야 한다고 결심하고 성직자의 길에 들어섰으나, 수십 년이 흐르는 사이 초심과는 달리 어느 사이 귀족이 되어 있는 나를 발견하고 부끄러워 한다."

나는 눈을 감고 서울, 명동, 추기경 집무실, 김 추기경님과 사적으로 맺은 여러 인연들을 떠올렸다. 그 얼마 후 나는 "추기경께서

다녔던 상지대학, '롯본기'에 있는 프란치스코 수도회를 지날 때 추기경을 떠올리며 일요일마다 외국인을 위한 미사에 참여하고 있다"는 사연을 편지지에 옮겼다.

> 저는 평소 성경 읽기와 기도를 게을리 하는 불성실한 신자임을 스스로 인식하고, 내 탓이라는 자각 속에서 교회를 다니고 있습니다. 가톨릭 신앙에 대한 확신이 부족합니다. 그런데, 추기경님께서 새로 출판하신 『강론집』 서문에서 예수의 삶을 닮아가지 못한 스스로를 자책하시고 어느 사이 귀족이 된 자신을 부끄러워하신다는 말씀을 듣고, 제가 그 미미한 신앙심마저 포기할 수 없게 하시는 어떤 마력 같은 것을 느꼈습니다.

인편으로 보낸 내 편지에 김 추기경께서는 손수 서명한 『강론집』을 보내오셨다. "따뜻한 글을 보내줘서 고맙다"는 회신이었다.

그렇게 김 추기경님은 거짓을 품지 않고 자신의 고뇌조차 스스럼없이 토로하는 분임을 가까이서 지켜본 인연일까?

빈소가 차려진 첫날 새벽, 나는 걷잡을 수 없는 심경으로 명동성당 길을 걸었다. '이 시대에 누가 이 분만큼 정직하고 진솔하게

4장 준비된 정치인, 준비된 혁명

생각하고 행동하며 말하고 살다 갈 수 있을까?' 영구 앞에 서는 순간, 그를 여읜 한 시대가 억제할 수 없는 서글픔으로 온몸을 덮쳐왔다.

  이제 김 추기경님과의 일화를 우리 가슴에 아로새길 임무가 내게 주어졌다. 우리 공동체의 화합, 대한민국이 하나 될 그 날을 위해 싸워가겠다고 다짐했다. 또한 그 간절한 바람은 다른 세상에서 우리를 지켜보고 계실 김 추기경을 위해 올리는 기도이기도 하다.

맺음말

가진 것이 없는 이가
가장 용감하다

나도 이제는 세상을 보는 혜안이 생길 나이이다. 지금 주변을 둘러보면 이렇게 황폐한 모습을 보자고 소중한 인생을 그렇게 부대끼며 살아왔나 하는 슬픔이 들 때가 있다.

자랑스러운 역사를 가진 이 나라에 친박한 깡패 심리와 허망한 자살 충동이 만연하고, 무서운 핵폭탄의 공포가 덮쳐오는 걸 보려고, 그 수많은 박종철들이 죽고 투신했는가. 유모차 끌고 나와 촛불 집회를 했는가.

돌이켜보면 정치라는 장에 발을 들인 순간부터 나는 내 피 한 모금 살 한 덩이를 일찍이 이 땅의 거름으로 묻어두었다는 생각이 든다. 아직 싹도 돋지 않았고 꽃도 피지 않았지만, 언젠가 내가 가진 희망과 바람이 달콤한 향기 풍기는 열매를 맺으리라 믿었기 때문이다. 또한 그 희망 덕에 주변의 야유나 박수에도 어느 정도 초연할 수 있었고, 더불어 숱한 좌절과 시행착오도 더 또렷이 기억할 수 있었다.

국민은 남루한 옷을 비웃지 않는다

물론 어떤 정치가들은 지금 내 뒷모습을 보며 비웃으리라는 것을 안다. 그러나 국민은 다르다. 그들은 남루한 옷차림의 정치인을 비난하지 않는다. 나는 현실정치에 적응하는 데 영악하거나 세련되지 못했고, 오히려 미숙하고 순진한 편이었다. 하지만 결코 비겁하게 살아오지는 않았다.

하지만 돌이켜보면 그 미숙함과 순진함이 오히려 국민에게는

죄가 될 수도 있었고, 그것 때문에 부끄러운 심정이다.

사실 나는 국민으로부터 지지를 받지는 못했다. 전적으로 내 부족함 때문이었기에 지금도 반성하고 자책한다. 하지만 동시에 나는 국민의 사랑을 받는 은혜로움도 아울러 경험했다. 그것은 국민들이 내 잘난 면이 아닌, 내 마음의 진실함이나 선량함을 보았기 때문일 것이다.

사랑은 축복이며 행운이다.

국민의 사랑은 더더욱 그렇다. 다만 그 큰 사랑에 보답하지 못했던 것에는 죄스러울 뿐이다.

다시는 썩은 정치판을 택하지 말라

지금 이 나라는 국란에 처해 있다. 부도덕과 탈법이 위선의 춤판 위에서 백성을 현혹시키고 있다. 이런 현실을 우리의 사랑하는 자식들에게 물려줄 수는 없는 노릇이다.

예로부터 국란이 있을 때마다 구국운동을 위해 의병들이 일어섰다. 지금이야말로 의병을 불러 모아야 할 절체절명의 시기이다. 그럼에도 많은 이들이 오늘의 세태를 절박한 상황으로 실감하지 못하고 있다. 어쩌면 국기 문란의 주범은 정치가들만이 아닌, 우리 자신들일지도 모른다. 우리가 우리 손으로 오늘의 정치판을 선택한 것이다.

저들은 국민을 볼모로 세워 사리사욕에 골몰하고 있다. 하지만 그들을 선택한 책임이 바로 국민들에게 있으므로, 우리는 저들의 속내를 투명하게 들여다보지 못하고 있다.

이제는 정직한 눈초리로 주변을 돌아보고 기득권 세력의 속셈을 파악할 줄 알아야 한다.

이러다가 이 나라가 무너지면 그때는 누구 탓을 할 것인가? 최악의 상황이 닥치고 나야 저들을 원망하며 눈물짓는 것으로 우리의 실패를 보상받을 것인가?

　지금의 이 잠잠함이, 이 무심함이 나는 걱정된다. 손쓰지 않으면 안 될 극한의 지경에도 그저 하루하루만을 생각하고 살아가는 많은 사람들이 나는 진심으로 걱정스럽다.

가진 것 없는 자가 강하다

　이제는 국민이 나서야 한다. 나라를 구하려고 백성이 시퍼렇게 살아 있음을 증명하기 위해 삽과 곡괭이를 들었던 동학 어버이들의 심정으로 뛰쳐나와야 한다. 이글대는 국민의 눈빛으로 저들의 잘못과 허물을 지적해야 한다.

　나는 과거에도 그랬듯이 앞으로도 내 소신을 지키며 살아갈 것이다. 다른 누구에게 평계대거나 떠넘길 수 없는, 힘들고 불편하

맺음말

고 어려운 일일지라도 해왔던 대로 할 것이다.

　싸움에서 가장 무서운 상대는 승패에 연연하지 않는 자이다. 나는 92년 10월에 사후시신을 연대의대에 실험실습용으로 기증했다.

　나는 한 뼘의 묏자리도 필요치 않다. 애써 지켜야 할 가진 것 또한 없다. 그러니 싸움에서 지더라도 빼앗길 것이 없다. 패배하는 것을 겁내지 않으니 매 맞는 걸 두려워하지도 않는다. 나는 오랫동안 맨주먹 벌거숭이였으니 새삼 장검과 갑옷 없음을 걱정하지 않는다.

　이제부터 나와 싸우는 상대는, 가진 것을 지켜야 하는 부담 때문에 나와 겨루기가 두려울 것이다.

내가 대통령이 되었다면
큰 일 날 뻔했습니다

1판 1쇄 인쇄 | 2012년 03월 02일
1판 1쇄 발행 | 2012년 03월 05일

지은이 | 박찬종
발행인 | 이용길
발행처 | 모아북스 MOABOOKS

기획총괄 | 정윤상
관리 | 정 윤
디자인 | 이룸

출판등록번호 | 제 10-1857호
등록일자 | 1999. 11. 15
등록된 곳 | 경기도 고양시 일산구 백석동 1332-1 레이크하임 404호
대표 전화 | 0505-627-9784
팩스 | 031-902-5236
홈페이지 | http://www.moabooks.com
이메일 | moabooks@hanmail.net
ISBN | 978-89-97385-08-9   03340

· 좋은 책은 좋은 독자가 만듭니다.
· 본 도서의 구성, 표현안을 오디오 및 영상물로 제작, 배포할 수 없습니다.
· 독자 여러분의 의견에 항상 귀를 기울이고 있습니다.
· 저자와의 협의 하에 인지를 붙이지 않습니다.
· 잘못 만들어진 책은 구입하신 서점이나 본사로 연락하면 교환해 드립니다.

모아북스는 독자 여러분의 다양한 원고를 기다리고 있습니다.
(보내실 곳 : moabooks@hanmail.net)

당신이 생각한 마음까지도 담아 내겠습니다!!

책은 특별한 사람만이 쓰고 만들어 내는 것이 아닙니다.
원하는 책을 기획에서 원고 작성, 편집은 물론,
표지 디자인까지 전문가의 손길을 거쳐
완벽하게 만들어 드립니다.
마음 가득 책 한 권 만드는 일이 꿈이었다면
그 꿈에 과감히 도전하십시오!

업무에 필요한 성공적인 비즈니스 뿐만 아니라 성공적인 사업을 하기 위한 자기계발, 동기부여,
자서전적인 책까지도 함께 기획하여 만들어 드립니다.
함께 길을 만들어 성공적인 삶을 한 걸음 앞당기십시오!

도서출판 모아북스에서는 책 만드는 일에 대한 고민을 해결해 드립니다!

모아북스에서 책을 만들면 아주 좋은 점이란?

1. 전국 서점과 인터넷 서점을 동시에 직거래하기 때문에 책이 출간 되자마자 온라인, 오프라인 상에 책이 동시에 배포되며 수십년 노하우를 지닌 전문적인 영업마케팅 담당자에 의해 판매부수가 늘고 책이 판매되는 만큼의 저자에게 인세를 지급해 드립니다.

2. 책을 만드는 전문 출판사로 한 권의 책을 만들어도 부끄럽지 않게 최선을 다하여 전국 서점에 베스트셀러, 스테디셀러로 꾸준히 자리하는 책이 많은 출판사로 널리 알려져 있으며, 분야별 전문적인 시스템을 갖추고 있기 때문에 원하는 시간에 원하는 책을 한치의 오차없이 만들어 드립니다.

시집, 소설집, 수필집, 시화집, 경제·경영처세술
개인회고록, 사보, 카탈로그, 홍보자료에 필요한 모든 인쇄물

모아북스 책들은 삶을 유익하게 만듭니다. www.moabooks.com

도서출판 **모아북스**
MOABOOKS

개미와 베짱이
경제 · 경영 · 교육 전문출판

iroom
디자인 | 광고기획

411-817 경기도 고양시 일산구 백석동 1332-1 레이크하임 404호
대표전화_0505-6279-784 FAX_031-902-5236

MEMO